徐有守 著

考銓新論

臺灣商務印書館 發行

自序

這不是一本介紹或敘述考銓制度的書，而是一本追尋和評論考銓原理的書。

民國四十三年，筆者辭教職再做學生，入國立政治大學政治研究所就讀。在先師王雲五先生指導下，選擇人事制度為碩士論文寫作範圍，題曰：「公務職位分類之理論與實務」，並自此與人事行政學結下不解之緣。六十一年，至銓敘部任常務次長，而後於民國七十三年起任政務次長十年，又於八十二年轉任考選部政務次長。在此連續二十二年次長生涯中，一語以蔽之，實備受考銓實務長期之煎熬。如此以迄民國八十三年，一夕之間，頓悟「倦勤」一詞之真諦，乃決定於是年九月，以政務官自願退職，結束漫長之公務人員生涯。由於多年以來原已在政治大學任教，故仍繼續授課以為樂；此外未接受任何其他職務，以便遂行個人籌思已久而夢寐以求之晚年生涯計畫。

在筆者四十餘年公務生涯中，極少休暇。長年幾無日不在匆忙之中度過。為機關小屬員時如此，為人長官時亦如此。筆者原本少小即已勤勞成性，不耐於閑暇嬉戲享樂；但亦非欲將此身質押於公務，完全喪失自我，而深願在公務忙碌之餘，仍能從事讀書寫作，以滿足個人興趣要求。

似此正當合理之最低要求，竟亦數十年來而不可得。尤以近二十年來，常未能在一年中讀完一本新書，以一知識分子淪落至此，幾已完全淹沒其生趣，不僅深以為苦，且亦可悲。

退職後所做第一件事，為開始學習夢想已七、八年久之中文電腦輸入技術。此事得如計畫，以三個月完成，而能將腦中思想，直接經手敲電腦鍵盤輸入以成文，無需先筆寫再行抄謄入電腦。第二件事則為運用電腦從事本書之寫作，亦不負自期，而得將全稿於短期內完成。

此書之所以成為筆者退職後首先著手寫作者，乃由於在未及將我國人事制度予以系統化結構成書之前，早有一種存於內心業已多年且十分強烈之衝動念頭，急欲將個人對我國現行人事制度中若干體驗與看法，先行一吐為快。不知不覺，隨手所至，竟得十餘萬字，再將近年來斷斷續續已先寫就且經發表之數篇有關考銓之論說編入，成此小書。內容所述，幾均為一般人事行政或有關考銓制度書籍所罕有討論及之者，而係筆者依據多年來觀察我國人事制度事實，以及淺薄經驗所得，在腦中加以整理而成文，以就教於高明。例如人事制度模型、論考試權之變與不變、半世紀來我國人事制度中之重要爭論、對考試權設計所作之批評、有關政務官制度之若干見解、公務人事管理採用科學方法之困難、官等職等與俸級設定之原則、職務列等之基本原則、威權政體下人員之非正式組織、銓敘功能之實際、以及「玉衡識微」一篇中所提出有關人事法規之若干不當等，多為筆者創見。尤其人事制度模型，更屬筆者之發明。故本書名之曰新論。

筆者自認有關考銓制度之有限知識與一偏之見，均係得自痛苦之中，亦即所謂困而知之者。

青年期間，雖亦曾自書本上獲得若干人事管理知識；但筆者認為較重要者，為中年期間，在備受公務生涯折磨之後，浮囂之氣幾已盡除，務實觀念至為強烈。縱有新念，亦必有憑有據，且認為切實可行者始可。在此時際，開始從事考銓實務工作，而以生命中二十餘年最好時光，全心全意，專誠投入。亦因此，考銓實務所給予筆者此方面之知識，自認至為可貴。

民國六十一年，筆者任職銓敘部後，所致力之首項工作，為從事研擬人事制度改進方案。此一方案之內容，即後於民國七十六年元月施行之官職併立新人事制度。此方案自六十二年初次提出，後銓敘部又另經重複提案二次，其間牽掛甚多，阻礙橫生，難以言宣；前後拖延達二十四年，自第四屆考試院以迄第八屆考試院，共跨四屆院期，歷經孫哲生、楊亮功、劉季洪與孔德成四任院長；若以原始擬案之銓敘部而言，則亦歷經石覺、韓忠謨、鄧傳楷與陳桂華四任部長，最後始於民國七十六年實施此一新制。在此漫長期間，筆者不僅係兩制合一制度之原始構想人，且亦為初次方案之執筆起草人，亦係最後一次由考、銓兩部及人事行政局司、處長及參事等所共同組成之專案小組主持人。小組為期經年，每週集會一次。所有有關之施行細則與輔助規章數十種，無一不經小組多度細研，逐條逐句逐字反覆審酌。其間三部局意見並非盡能一致，辨難質疑，權衡斟酌，頗需精心與耐心。案成後，復需與各院部機關及執政黨黨部協調，最重要者為列席立法院法制委員會說明及答覆詢問，各立法委員相互之間，見解尤多分歧。凡此諸端，均係筆者代表考試院前往。

此外，他如技術人員任用法律、退休撫卹法律、以及大部分人事法規，在筆者任職銓敘部期間，幾均經一一修訂。其中最艱難不易通過者，為現已於八十四年七月一日施行之新退休撫卹制度。與之有關之兩種法律為「公務人員退休法」以及「公務人員撫卹法」，此兩法律修正草案，於送立法院後，擱置多年，本已束之高閣。嗣經筆者與當時立法院法制委員會各委員懇商，在該會召集委員吳梓先生主持會議之下，以及委員林鈺祥先生等悉心仔細審查，而得將該兩種法律修正案，在委員會審畢通過，至今心感不忘。此外，筆者長年代表考試院出席行政院、立法院以及司法院等機關有關各機關組織法規草案以及人事管理法規草案之協調會或審查會。此類性質之會議，向例均有爭執，因各機關幾乎十之八、九，均於修正法規時，趁機增加單位及員額，提高職務之職等。凡此種種，筆者必逐條逐句一一提出修正主張，且常不得不與原提案機關及支持原提案之立法委員反覆辯論，甚費周章。所幸立法委員多甚了解筆者之堅持，係完全基於維護制度之熱忱，故頗能多諒。猶憶尚係資深委員時期，某次法制委員會審查「司法人員人事條例草案」，筆者於半日內發言五十三次，竟承審查會採納五十一次，此有立法院公報可資覆按。復由於筆者正直坦誠，每有答詢，無不切對問題，實問實答，完全依法說話。對有關之人事法規尤甚為熟悉，隨時引述，皆有依據，理路清晰。故得承立委公開揄揚之為「人事法制活字典」，又稱筆者為「考試院大把門」。新聞記者老兄在場聞後，遂錄記之而刊諸報端。

銓敘部自七十三年始，對政務次長及常務次長之分工，有明確劃分。舉凡代表本部參加部外所有會議，包括赴立法院、其他各院部機關；以及主持部內所有有關修訂或起草法規會議，所有銓敘審查案件會議，訴願會議，邀集其他機關來部會商協調有關業務事項（亦即非事務性事項）會議等等，均屬政務次長之責任，而有關上述各項之公文及洽商事項，亦由政務次長負主要監督之責。至於舉凡部內人事、經費、事務、內規等等事項及會議，則均屬常務次長之責任；以及與上述各項有關之公文與洽商事項，亦均由常務次長負主要監督責任。上述政務次長之各項工作，各院部機關幾無一不有不同意見；尤其立法委員，常各有高見；至於法規之起草、研議及協調，因內容涉及廣泛，故無論在部內或部外，均有不同意見；尤其公務人員之銓敘審查案件，准駁之間，攸關當事人之利益，或涉及當事人之任職資格等根本問題，更為重要。凡此種種，無不需要格外細心，有時更需有拒絕特權及維護正義之道德勇氣。有此諸因，故筆者任政務次長期間，工作特為忙碌。且當其時，恰逢整個人事制度改弦易轍之期，故工作特為紛繁，以致筆者每年參加之會議多至五百餘次。其中由筆者主持者三百餘次，包括邀集其他機關來部之集會，以及本部內部之會議，不僅無一不有爭議，且常有人員臉紅耳赤，堅持一己之見或堅持其機關立場而不改者。至於外出參加之會議，議題率多為修正機關組織法，內容所涉甚多，但經常引起爭論者，則為要求提高職等、增加員額、以及免除考試用人。此三事均需極費口舌，反覆說明；但最後仍難實際解決，故至立法院審議時必再起爭論。所幸立法委員諸公常能維護體制，十之八、九，最後均能獲得切合法理之結論。

由於以上種種情形，筆者幾每日上下午均在會議中，下午五時散會後始能至辦公室核閱公文，必至七時許勉可離去。回家晚餐後少憩，旋已九時，因疲困而即就寢。至凌晨三時必自行醒來，彷彿有人呼喚起床，竟僅獲眠六小時。於是起身開始一日之工作，閱讀當日上下午會議之資料，並取有關法規條文及相關文件，對照參核，反覆斟酌詳研。此時整個世界恬靜無聲，既無人吵鬧，亦無電話干擾，個人則無雜務分心，精神飽滿，專心一志，頭腦清明有如清澈見底之淨水，身心已完全溶化於案件之中，故對案件不僅瞭如指掌，且客觀理智之解決方案亦自然而然浮現於腦際。為恐忘失，當時並以紅筆作記於文件四週，用是而於會議時能泰然自若。會場各人所持見解雖常紛雜錯亂，但個人則胸有成竹，誰是誰非，我心如鏡，明辨秋毫。凡有高明見解，必能立即識之，且常為之變更一己之見，唯合法是視而已。

上述此種公務生活情形，持續十有餘年，幾毫無個人生活之可言。一年之中，難得執筆寫一、二信件，對他人所來電話亦常不獲時間回答，形同「六親不認」，幾難為人。豈能不知倦乎？

明儒陳白沙之學問，係在枕上徹夜流淚而得之，治學之真誠一至於此。有守雖無意彷效，而心自敬之。民國七十三年，拙著「我國當今人事制度析論」（商務印書館）一書出版，自序中有類似之心情描寫：「時有所感，也時有所悟。這種感悟，或發源於窮年累月的各種會議辯論之中，或自然形成於歷年來千百次重複出現的同一現象之後。……愚者千慮，亦必然偶有所得。古人說：困而知之。我之於人事管理，也應屬於困而知之者。」又云：「在客觀情勢壓力下，人事管理似乎在驚訝、認識、遲疑、接受、讓步之後；隨之又搖擺、堅持、防禦；然後又重再試探、重再認識、重再承諾。而人事管理工作者，則常在沮喪、躊躇、挫折、希望、奮發等各種不同心情交替之下前進不懈。」此種言辭所描述之心情，於十餘年後之今日，不僅毫無變更，且猶有甚焉。

此一小書中之各篇，部分為事實之敘述，部分為個人之心得。其中部分言詞與主張係筆者在職時所未便敘述者，例如有關政務官之若干事項，因涉及己身，讀者難免以為係為己謀；現則以退職之身，事不關己，且亦無所謀求，始能坦然言之。似可併供實務工作者及研究工作者參考。個人仍認為，此書乃係在為此一時代人事管理工作留一紀錄而已。幸高明有以教之。

徐有守識　於民國八十五年五月

目錄

圖表目錄

一、人事制度之內容與模型

（一）為實務與研究需要而尋求模型

中央政府遷移來臺之後，最初幾年，因爲臺海還有戰爭，所以政府的中心任務是在保衛臺灣。等到美國第七艦隊協防臺灣海峽以後，兩岸軍事射擊戰爭停止，臺灣才開始從事島內全面建設工作。這一建設工作，範圍廣泛，涉及政治、經濟、社會、文化等各方面。但最主要的是，必須在生存第一的大前提下，與軍事保衛臺灣的任務，同步進行。所以當時用來完整概括那一時代精神的口號是：「保衛復興基地，建設臺灣模範省。」再過一個時期之後，很不幸，我們在國際上開始一再遭受嚴重挫折：我退出聯合國、中美斷交、第七艦隊撤出臺海、中日斷交。於是兩岸情勢驟變（但筆者從不認爲退出聯合國一事是一種致命的挫折。當時朝野人士中，不乏過分悲觀者）。但是，由於當時大陸內部混亂，以致中共縱然想要武力犯臺，事實上根本也不可能。於是，臺灣乃有機會繼續從事建設，而且是政經建設漸重於軍事建設。這一時期的口號是：「加速國家現代化」。到了經國先生執政的最後幾年，又開始了大開大闔的政治開放。李登輝先生繼任總統後，並繼續予以發揚光大。

綜括上述幾十年來的經過，無論是有任何挫折，或是我們從事經濟建設、推進國家現代化、從事政治開放等等，每一件大小事情，幾乎都接觸到一個共同課題，那就是：人事制度問題。而且大家幾乎眾口一詞，羣起指責人事制度不能配合國家進步發展的需要。尤其是退出聯合國之初，幾乎持續有七、八個月之久，全國上下痛自檢討研究生存之道。報紙雜誌，幾乎每天都連篇累牘刊載這一類文章。座談會、討論會也莫不如此。在種種結論之中，兩個最主要的共同結論是：第一、應該迅速改選全體中央民意代表。第二、應從事徹底的人事革新，並且廢除考試用人制度。當時代表性的語言是：「突破」和「超越」（臺灣這半個世紀裡，每十年八年，甚至近來幾乎是每三年兩年，就會出現一些時代的代表性語言）。這兩個名詞實際所指，就是要打破現有的種種制度，摧毀既有的法定限制和約束，尤其特別著重要求廢除考試用人。這不僅文人學者和社會人士如此主張，而且許多具有崇高地位的政府官員也同樣主張。筆者當時親耳聽見政府人事制度最高負責人銓敘部長石覺上將，在他主持的一次座談會上，於聆聽大家踴躍發言（多屬指責）之後慨歎：「竟是萬方有罪，罪在人事！」

除上述情形之外，經常的現象是舉凡行政上發生障礙時，總會有人很快地把問題癥結歸屬到人事制度不良。可是，非常不幸，每當人事機關下定決心，甚至甘冒可能的危險，而從事改革時，卻都受到猛烈的攻擊和指責。

對考試權而言，最嚴重的兩次暴風雨中的第一次，是民國五十五年國民大會修訂動員戡亂時期臨時條款前後。在研修過程中，有暗潮是要廢去或凍結考試院，最後寫成了臨時條款第五項如下文字：「總統爲適應動員戡亂需要，得調整中央政府之行政機構、人事機構及其組織。」據當時官方的公開解釋，這「調整」兩字的涵義，廣泛地包括：新設、裁撤、裁減、凍結、重組、簡併、擴充、合併等等一切有關組織上的變更措施。換一句話說，依據這一項，總統有權以行政命令裁撤或凍結考試院（當然無需立法院同意或通過）。但是，先總統　蔣公慎重高明，未採納凍結考試院的建議，卻也未阻止行政院人事行政局的設置，且依據這一條款，以總統令公布該局的組織規程付之施行。人事行政工作一國二公狀態，從此開始，至今尤烈，且竟創一奇例，在八十年五月一日公布的第一次憲法增修條文第九條中，將人事行政局列入增修條文。

暴風雨的第二次，是前幾年國是會議期間。最早是某一政黨發出呼聲；後來另一政黨也呼應這同一意見，主張趁修憲的機會，把考試院廢了。當然，國民黨最後畢竟還沒有昏頭到忘本的地步；因爲，三民主義和五權憲法，是國民黨革命所要實現的目標，也是國民黨的兩塊招牌或標誌或象徵，更是國民黨革命建國的兩大信條。如果竟也可以輕易放棄，豈不是自挖牆腳？尤其五權憲法，並不是一種理論或學說而已，更是一種具體的制度。如果要廢去其中一、二權，就變成三權或四權憲法，而不再是五權憲法了。這等於是把招牌拆了，是明眼看得見的事情，賴也賴不掉。不會像三民主義，縱然沒有切實執行，還是可以找出許多理由來辯解，讓你責備他的時候很難說得透澈。國民黨可能有此顧慮，所以，最後總算是只把有關考試院職權的憲法第八十三條修改了一下，變成現在的增修條文第五條，而沒有把考試院廢掉。不過，這一修正，卻引起考試院與人事行政局之間對某些權力歸屬問題的爭執。所爭執的這一部分權力，有人稱之爲「灰色地帶」，有人稱之爲「剩餘權力」（這兩種說法，我都不贊成。已有另文說明）。有人主張：這部分權力，憲法既未明文列舉其屬於考試院，所以當然就屬於行政院云。有人認爲：舉凡憲法未明文規定其究何歸屬的權力，應都屬於行政院云。但也有人說，凡是與人事有關的權力，基於五權分立的原理，當然均應屬於考試院，無庸辯論。

當然，對多苦多難的考試權而言，有關的爭論和指責，並不止於上述各端。我在這裡列述部分，是因爲這些事實裡，包含了一個共同有關的問題：

人事制度的內容究竟是什麼？這也就是說，考試權的職掌應該是什麼？另外進一步說：如果說有這個或那個問題，我們先不管問題對不對，但是，總得先搞清楚，這個或那個問題究竟屬於人事制度的那一部分呢？

以上是兩個不同的問題。初聽起來，像這種問題，似乎會令人覺得有點奇怪。因爲似乎每一本人事行政學的書籍，對這問題應該都有答案。但是，事實上書本裡並沒有答案，或是有答案而不具體，也不周延。

我們中國自古以來，十分重視人事行政。所以，周朝即有掌管人事工作的天官之設置。後來歷代，則有吏部或類似性質的機關專司其事，禮部也掌管一小部分有關取士的工作。而且歷代向來都有體系完整的人事制度，統一施行。例如選士制度，歷代就有察舉、薦舉、九品中正、科舉等制度。至於俸制，更是十分詳備。而且歷代更特別注意人事制度之政治意義與行政意義的兼顧。可是，卻並沒有使用過類如人事行政這一類的名稱。至於西方的人事行政學，其所討論的內容，大都是有關技術性的知識，尤其是現代一些美國學者們所寫的這方面的書。

當我國政府實施職位分類制度時期，有人說，職位分類制度並沒有幫助我們提高行政效率。也有人說，這是因爲職位分類這種人事制度有問題。然而，究竟是不是這個制度的問題呢？如果是，那又是制度的那一部分的問題呢？

前兩年，又有人說：現行的新人事制度並不能幫助我們找到好人才云。這種泛泛的指責，使人一時間裡會覺得茫然而不知如何回答。

個人最初從事行政學的研究，後來從事實務工作二十多年。窮年累月，面對來自各方面有關人事制度問題的攻擊，也朝朝夕夕在會議桌上爲人事制度的難題遭受煎熬與折磨。常言說得好：困而知之。就在這種困苦中，個人漸漸發現，問題的根本是：至少我們應該有一個了解和研究問題的模型。這就是我開始尋求人事制度模型的契機。

這個模型是怎樣構成呢？將在下文說明。

(二)模型的結構

所稱制度，乃指處理性質和內容相同的多個個別事項，所採取的一整套重複使用以及統一使用的有次序、有系統、有標準的方法、步驟、手段和程序。這種制度，是由政府、團體或個人所訂定，或由習慣形成。通常都具有大小程度不等的拘束力，要求其管轄範圍內人員共同遵行。

制度有大小之別，依事項內容繁簡而定。當事項內容較爲複雜時，內部通常必定將之區分爲若干次級部分，必要時，甚至還進一步區分之爲若干再次級部分。因此，爲配合這種區分狀況，常在一個概括全面的制度之下，區分有若干次級制度，或再次級制度。這種情形，所在多有，俯拾皆是，只是由於我們平常不具這種次級制度觀念，未加注意而已。例如我國政府所採取的五權分立政治制度，在這一整套政治制度之下，可區分爲立法制度、司法制度、考試制度、行政制度和監察制度等等次級制度。進一步言之，司法制度之下，又可區分爲檢察制度和審判制度等等再次級制度。又如教育制度，其下可區分爲學校教育制度、社會教育制度等等次級制度；或者另採分類方法，予以區分爲高等教育制度、中等教育制度、國民教育制度等等。

人事制度與上述各例情形完全相同。人事制度是一個內容複雜的總體，內部也包括許多次級制度。淺見認爲，人事制度可以區分爲兩大部分：一爲基本結構制度。二爲運作制度。在這兩大部分之下，更各有其再次級制度。玆分別說明如下：

1. 基本結構制度：從事人事管理工作，必須要有一套基本結構的分類體系，作爲其運作基架。筆者經分析多種人事制度之後，發現通常這種分類結構，大多包括下列(1)(2)兩種次級制度：(1)職務分類制度：依職務性質所作的分類。(2)等級分類制度：依人員或職務上下高低所作的等級分類。此外，下列(3)(4)兩種也是基本結構中的部分。連同(1)(2)合成四種次級制度，組成整套基本結構制度：(3)職務列等：一職務在等級上所居等次的高低以及等次的多少。(4)人事管理機構及人事管理人員組織體系。在這四種制度中，(1)(2)兩種縱橫交叉，構成人事制度的基本結構體系。至於(3)職務列等，則係將職務與官等配置後所構成的一個體系。(4)人事管理組織純粹是一套執行工具。

基本結構是靜態的。在一般情形下，一經制定之後，較少變更。當然，必要的小規模修正，或技術性的更改，有時也會出現。

2. 運作制度：所稱運作制度，也就是實際施行人事管理的行動制度。這部分制度，幾乎包括了我們平常所指的一切人事管理項目的有關制度在內。其中最重要的，莫過於甄選、任用、薪俸、考績、陞遷、保障、訓練、退休、撫卹等。這些項目，都各構成個別次級制度。當然，此外的其他人事管理項目，也都各有其需要，且同樣各皆構成其個別次級制度，並均與上文所列舉的各項目，具有平行地位。爲免繁瑣，在此不一一列舉。

作爲運作制度的各個次級制度，都是動態的。而且每一運作制度，都是以靜態基本結構制度爲其運作的基礎和憑藉。

我們也許可以作一些譬喻，用以闡明上述兩部分的關係。假如基本結構是一棟房屋，那麼各間房子作何使用，這一間也許作爲辦公室，那一間也許作爲教室，第三間也許作爲會議室，以及每一房間裡的工作人員如何實際工作等等，諸如此類的事情，基本結構本身是事先並不有何決定，因爲這些屬於運作方面的事情，要留待運作制度去決定。因此，運作時，可能認爲原先想作爲辦公室的那個房間，改作教室或許更爲適當。

雖然如此，但事實上，在設計全套人事制度之初，設計人當然必定應該考慮到，如何求取基本結構與運作制度兩者之間的密切配合，以切實用。這也就是說，在設計這一房屋之初，必須考慮到每一房間預定的用途，而在設計圖樣時，先作適當的安排。

再打一個譬喻，如果我們上街去買了一把小水果刀回來，我們當然可以用它來削水果皮，但是我們也未嘗不可以變更原定用途，而用來裁紙，或是用來切割一些細小的東西。不過，顯然不可以用來伐樹或砍木柴。因爲在製作這把小刀的時候，製作設計人就已經考慮到其主要用途爲何。可是，在一般情形下，運作者當然可以在技術允許的範圍內，採取若干變更運作或使用。

顯然地，基本結構只是工具，運作制度則是工具的使用。

據上所述，我們似乎可以概括人事制度結構模式的要旨及其內部關係如下：

(1)人事制度是一個整體，舉凡與人事有關的事項，都包括在其範圍之內。

(2)人事制度內涵的各個個別部分，依其功能性質，可以區分爲兩大類。一爲基本結構制度，二爲運作制度。前者爲靜態，爲工具性質；後者爲動態，爲操作運用性質。

(3)基本結構一經制定後，通常具有相當之穩定性，不輕易更改。但在必要時，亦常作技術性的修改。至於運作制度，則修改機率較多，以適應環境變化之需要。

(4)在基本結構設計之初，事實上必先考慮到將來運作的方法與便利，並作適當配合設計；雖然基本結構並不明白規定或顯示其應有的運作方法，但事實上，必然限制運作方法的彈性選擇範圍。在此範圍之內，運作方法確有其選擇餘地及選擇後適當變更的可能。

(5)任何一種人事制度，施行後的利弊得失，有係由於運作制度某部分之設計所導致；有係種因於基本結構之中。自可逐一就該個別事項，在此人事制度模型中尋找其根源所在，以便對症下藥，予以改善。

這就是筆者所要提出來的人事制度內容，現製圖顯示如下：（圖一—一）

或許我們還可以再用另一個圖來表示其內部結構關係如下：（圖一—二）

- 人事制度
  - 基本結構制度
    - 職務性質分類制度
    - 人員或職務高低等級分類制度
    - 職務列等制度
    - 人事管理機構及管理人員體系
  - 運作制度
    - 甄選制度
    - 任用制度
    - 俸給制度
    - 考績制度
    - 陞遷制度
    - 退休制度
    - 撫卹制度
    - 保障制度
    - 訓練制度
    - 其他次級人事制度

圖一—一、人事制度內容分類圖

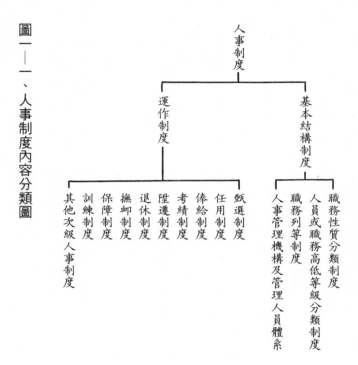

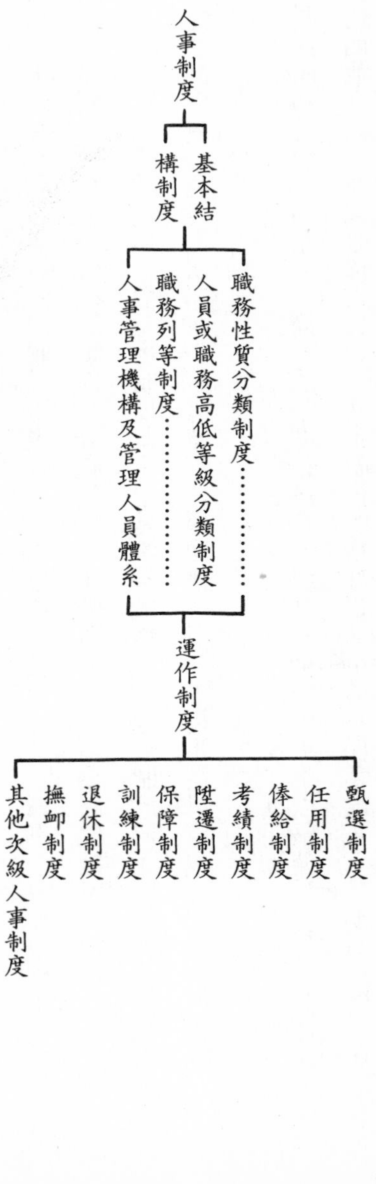

圖一—二、人事制度內部結構關係圖

(三) 模型的用途及舉例

上述這套模型，至少有下列幾種用途：

第一、當我們接觸到一種熟悉或不熟悉的人事制度時，可以按這一模型所列舉的各部分，去瞭解那一制度各個次級制度的內容及相互間的結構關係。

第二、當著一種既有人事制度出現缺失時，我們可以就各該缺失的個別事實，在這模型中查對尋找其屬於何一次級制度，發現其病源，以利處理解決。

第三、在有意設計建立一套新的人事制度時，可以借助這一模型所列各個次級制度，以及其相互間關係，分門別類著手，而又注意到週全與相互配合。

對於上述第一種用途，我們可以列舉兩個實例，使用這一模型來說明如下：

例一：依這一模型來分析我國的簡薦委制度，其整個制度結構如下：

1. 簡薦委制度的基本結構制度：茲分三點來說明：

(1)職務性質分類制度：簡薦委制度的職務性質分類頗爲簡單，在舉辦考試時，大致配合學校系科設置考試類科。其高等及普通考試且規定有一定數目和固定名稱的考試類科。但事實上，長久以來，每年的高、普考試，都在類科之下再有許多分組小類科的設置。尤其是舉辦頻率最高的特種考試，根本就沒有固定類科的限制。以現已廢除的公務人員甲等考試爲例，歷年以來，創造了許多聞所未聞甚至稀奇古怪名稱的類科。至於在任用和遷調上，簡薦委制度是沒有類科之別，更沒有職系。所以，總結說來，簡薦委制度基本上是沒有職務性質分類制度的。雖然有八種職務性質較爲特別的人員（見後文所述）各訂有特別任用法律，但似乎仍不足以構成一種職務性質分類制度。

(2)人員或職務等級分類制度：簡薦委制度是按官員所具資格條件，予以區分爲特任、簡任、薦任、委任四個官等。亦即是依人分類，而不是依職務分類。由於特任爲政務官，無需銓敘，所以事務官只有簡任以下的三個官等。爲日常使用簡便起見，所以習慣將此制度簡稱爲簡薦委制度。這種只有三個官等的簡明結構，依據實際經驗，在實務上顯然有所不便。例如人員晉級，如果每一晉級即晉一個官等，則只要晉二次即到達簡任，未免過速。因之，乃有另謀補救之道的必要，亦即分列俸級。官等內部所列俸級，計有簡任九級，薦任十二級，委任十五級，原係俸給制度之一部分。俸級經借用至任用方面後，雖無大官等下小官等之名，但實際上則已使之兼充三個官等下之次級區分結構，並以簡任一級爲最高官等階級，委任十五級爲最低官等階級（參閱本書「八、論機關組織」一文第(二)節「官等職等與俸級設定之原則」）。

(3)職務列等制度：依據上述官等結構，除有極少數職務（例如次長）單列簡任一級外，其他職務均跨多個俸級，甚至跨滿一個官等內之全部俸級。一般職務，亦多跨六、七個俸級不等。另有少數職務，且跨列兩個官等。所以，簡薦委制度的職務列等特色爲比較寬鬆。

依據上述說明，可知簡薦委制度僅有以工作人員的資格條件爲標準之三個官等，而無以職務上職責繁簡難易爲區分因素之職等，且其人員之任職及調職，又無職務性質限制，由機關長官決定即可。凡此種種，充分證明下列三點：

①簡薦委制度爲一種以人爲建制中心的人事制度。

②其結構簡明寬疏。

③可供彈性運作之空間甚大。

2.簡薦委制度的運作制度：茲依其各種次級制度分別說明如下：

(1)甄選制度：簡薦委制度的考試，向係配合其基本結構的官等制度定制。其甲等考試（現已廢除）及格人員，原規定取得簡任職任用資格；高等考試或乙等考試及格，取得薦任任用資格；普通考試或丙等考試及格，取得中級委任任用資格；丁等考試及格，取得初級委任任用資格。

(2)任用制度：具有任用資格的人員，除下列少數另定有特別任用法之職務：司法、主計、審計、駐外外交領事、警察、技術、教育、交通等八種人員，各定有其特別之任用資格外，其餘人員，無論初任或調任其他性質職務，均不受職務性質之限制。因其根本即無職務性質任用分類體系的設置。但必須依所具官等資格，限制任用於該官等範圍之內。此種情形，說明其任用制度，係完全配合其基本結構制度的人員官等分類及職務性質不分類制度而來。

(3)俸給制度：俸給制度亦係配合其基本結構之官等而成，已見上述，茲不重複。

(4)考績制度：亦係配合官等結構建立。其辦理考績，基本上係以本機關內部同官等人員成績互相比較而評定其考績成績。

據上述種種觀之，其運作制度，完全係配合及依據其基本結構制度制成。

此外，由於陞遷已包括在任用之中，故不另述；至於退休、撫卹等等，因涉及制度結構者較少，故不贅述。

我們可以根據以上的說明，製成簡薦委制度結構體系表如下：（表一—一）

表1—1：簡薦委制度基本結構體系表

俸級	依特別任用法任用人員	依公務人員任用法任用人員	
1			簡任
2			
3			
4			
5			
6			
7			
8			
9			
1			薦任
2			
3			
4			
5			
6			
7			
8			
9			
10			
11			
12			
1			委任
2			
3			
4			
5			
6			
7			
8			
9			
10			
11			
12			
13			
14			
15			

例二：茲再依此一模型，來說明我國過去職位分類制度的整體結構如下：

1.職位分類制度的基本結構制度：仍分三點說明如下：

(1)職務性質分類制度：性質分類之細密，為職位分類制度之一大特色。全國公務機關職位，依據職位之性質，區分爲若干個職系。職系區分之粗細（亦即職系總數之多少），視社會分工實況及政策觀點等等因素而定。我國區分之爲一五九個職系，美國聯邦政府區分爲四百多個職系。此與簡薦委制度之絕無職系情形，呈現兩極現象。

(2)人員或職務高低等級分類制度：職位分類對職位上職務之責任輕重，有等級之區分。其區分之細密，亦爲其制度重要特徵之一。我國的職位分類制度，將原來簡薦委三個官等範圍內所包括的全部職位，另行予以區分爲十四個職等，幾爲簡薦委制度三個官等之五倍。

(3)職位列等制度：其列等甚爲科學化，每一職位限制僅列單獨一個職等及一個職系。由於職等與職系縱橫交叉後，其所構成之物稱爲職級。故實際即一職位限列一個職級；因此，在職位分類制度中，對職位列等歸系之過程，乃合併稱之爲歸級。

依上所述，可知職位分類制度之結構體系，井然有序，甚爲科學化，確爲一富有現代精神之新穎人事制度（表一—二：我國公務職位分類制度基本結構體系表）。其主要特徵，似可歸納爲下列數點：

①爲一種完全以職位上之職務（亦即工作）爲建制中心之人事制度。

表一—二、我國公務職位分類制度基本結構體系表

職系＼職等	十四等	十三等	十二等	十一等	十等	九等	八等	七等	六等	五等	四等	三等	二等	一等
甲職系	常次													
乙職系		局長				科長								書記
丙職系			司長		專門委員									
丁職系			處長											
戊職系				副司長		祕書	專員		科員					
己職系					祕書			股長		科員				
庚職系														
辛職系												辦事員		
X職系				(職級)										

②結構體系完整嚴密。

③因此，可供彈性運作之餘地甚少。

④以與簡薦委制度對照觀之，兩者之間，實爲南轅北轍之兩種制度。

2. 職位分類制度的運作制度：茲亦就其主要之數種次級制度分項說明如下：

(1)甄選制度：職位分類的考試，係配合職等職系辦理。依照職位分類基本理論，每一職等初任人員均應參加考試，以測定其能力。但爲資簡化起見，我國後來在十四個職等中，改爲除六個職等採考績內升方法，不辦理考試外，餘八個職等及全部一五九個職系，均得辦理考試，亦即可能有一、二七二個職級的考試（如不簡化，則一五九職系×十四職等有二、二二六個職級的考試），頗爲複雜。不過，由於事實上並非每一職系均有十四個職等。例如打字職系，僅有一、二、三等三個職等。又如助產職系及護理職系，也各僅有三、五個職等，餘皆爲空級。所以實際並無一、二七二個職級之考試，但職級數仍近千。

(2)任用制度：其任用亦係配合職等職系辦理。依據職位分類的基本理論，凡具有某一職等及某一職系任用資格之人員（已經考試及格、銓敘合格、或考績升等資格確定者），依法僅能任用於或調任至該一職等職系之職位。（至於後來有所謂「相近職組」之設置，實係與職位分類制度原理相悖之從權做法。在職位分類施行失敗，備受攻訐之際，爲應實際需要，「相近職組」固有其意義，但就制度之完整性與合理性而言，實不足取。）如欲升任職等或調任職系，應必經考試及格始可。惟所升任之職等，如係規定依考績成績辦理者，自不必考試。

(3)俸給制度：職位分類的俸給制度是配合職等而定制。所稱俸給，是指「俸」與「給」。俸，乃本俸或年功俸，亦即工作人員奉獻其生命、時間及精力於公共事務，國家所予之應有基本給與。給，即我國俸給法所規定加給之簡稱，係因工作人員實際從事工作，付出心力勞力、或使用其專門智能、或使用技術、或冒犯危險、或工作於困難地域、或身處異域、或責任重大、或遇有其他種種異於常態的情形，國家乃以法律規定，在俸外所給與之報酬，故稱加給。職位分類之俸，係完全配合職等而定，每個職等設定若干個本俸俸級及年功俸俸級，每個俸級有一固定數目之俸點，每一俸點依規定折合現金。俸級之設置，旨在獎勵年資及久任。至於給，亦完全係配合職等訂定。實際係由人事行政局會知銓敘部，報經行政院核定，對每一職等各種加給之現金實數，大致係每年調整一次，予以明定。

(4)考績制度：依職位分類制度理論以及我國初期之職位分類制度實況，所定職位分類之考績，係配合職等辦理。基本上，亦即就每一機關內部同職等職務人員，互相比較其成績，以評定各員之考績。（至於後來，由於職位分類制度遭遇失敗，而被迫改爲以一至五職等、六至九職等、以及十至十四職等，分別稱之爲三個範圍，而以本機關内同範圍人員互相比較其成績，以評定其考績之做法，在本質上，是在向簡薦委制度投降；在實務上，則有其意義；但偏離職位分類原理甚遠。因其既非職位分類之正常體制，故在此不以之爲論述依據。）

以上係用本文所提出的人事制度模型，來看國人耳熟能詳的我國原有兩種人事制度。有此模型化的了解之後，我們更可以進一步來使用這一模型，去尋找人事制度中個別問題的病根，也就是用來證明我們前面所說的這一模型的第二種用途。茲舉三例於下。

例一：以前常常有人講，職位分類制度使人員調不動，這是事實。現在我們試用這一模型來檢查，可以發現：首先是由於這一制度的任用法規定，人員只能限制任用在他考試及格的那一職等和那一職系的職位上。調任時，當然同樣受這一限制。

然而，當我們進一步探究之後，尤其是以之與簡薦委制度對照觀察之後，就很容易發現，何以簡薦委制度的人員容易調動呢？原來職位分類不易調動人員的那條病根，是種在職系的區分設置上，或者至少是職系區分太細密了。因此，如果認爲人員不易調動這一現象是不好，而且決定要改善，那就有三條路可行：第一、修改任用法，放寬任用和調任的範圍。第二、在職系方面著手，可以簡併職系，或者建立職系之間合理程度互通的辦法，或者根本廢除職系，或者採取其他措施。第三、兼採上述第一及第二兩條路併行。

例二：以前也有人說，簡薦委制度很容易任用外行人來做內行事，但是，卻完全符合法律規定。對於這個問題，拿來和人事制度模型配合看，第一步必定是檢查簡薦委制度的任用法規（任用制度），可以發現其原因是法規並未明文規定人員僅能任職其經考試及格、或銓敘合格、或考績升等的該性質職務。如果我們再進一步探究，又會發現，原來簡薦委制度根本就沒有職務性質類別區分制度。因此，如果確認爲調任範圍太寬是一種不好的現象，而且有意改善，就必須從根著手，先建立職務性質類別區分體系，並繼續在任用法律上作有關的配合規定。

我們對上述兩個問題所提出的解決辦法，只不過是用來舉例證明這一模型的使用方法與價值，純粹只是就技術立場考慮。因爲已經建立完成的人事制度，就其結構本身而言，所表現出來的本來就只是技術。但是，職位分類制度下的人員不容易調動，卻符合專才專業要求；以及簡薦委制度下用人沒有類別性質的限制，卻易於培養通才。這兩件事情，若從政策觀點來看，究竟那一種取向較好，以及應否改變，或者改變後反而有其他流弊，均確有另加考慮的必要；則非人事制度結構或運作的技術問題。

例三：還常常聽見有人說，我們的人事制度不好，所以政府機關每年會增加許多人員，使得員額不斷膨脹云云。當我們利用這個模型來檢查一遍之後，就不難發現，員額的增減，與我們整個人事制度，似乎關係非常微小，縱然也許在某些地方有一點點關係，那也是十分間接。因爲很容易看出來，它與人事制度的基本結構制度中的任何一部分無關，也與運作制度中的考試、任用、俸給、考績、退休等制度無關。而與人事制度以外的許多其他複雜因素有關：諸如人民生活內容的愈來愈豐富，人民活動數量的增加、人民對政府服務要求越來越多；因此，幾乎每一機關都經常在要求增加員額，而且常常會像所謂「柏金森定律」所說那樣，本來增加三名人員已足，但是機關必定誇張地要求增加八人。

當然，如果沒有這個模型，照樣可以研究問題。不過，有了這個模型的好處，是可以提供我們一個系統化的全盤架構，使你不致於有所遺漏，並且也很容易發現其間的一些相互關係。讀政治學的人都知道大衛伊斯頓的政治系統圖。沒有他的圖，或是不用他的圖，絕對也能夠研究政治問題。但是，有了這個圖，卻能提供你一套系統觀念和程序，當然有所助益。本文作者所提出來的這個模型，其用意與此相同。

至於這模型的第三種用途，當然是無庸舉例。因爲知道了第一種用途，就必然也知道如何借助這一模型的內容和制度項目，去分門別類設計一套新的人事制度。

必須附帶說明，筆者不是躲在書房裡苦思焦慮地想到這許多事情，更不是著意想要製造這麼一個模型；而是以往多少年來，因爲實務工作上遭遇到苦惱，才慢慢孕育出這些想法。模型原係多年來僅供自用之物，退職後，最近又幸逢暑假期間無課，時間上偶得方便，所以便寫出來請大家指教。

(四) 考試權與人事制度的關係

最後，我們來討論一下考試權與人事制度的關係。因爲它涉及人事制度的內容問題。同時，本文開始也提到中央政府有關機關對此有所爭論。不過，現在我並非要來從事這一爭論，而只是在理論作一說明。

問題的焦點是在，人事制度與人事行政實際執行，是否必然密切結成一體而牢不可分？對此，我個人的答案是否定的。因爲法制與執行，是可以相連結也可以不必相連結的兩件事情。制度通常出之法律形式予以規定，而法律的制定，屬立法機關的權力。但立法機關於立法後，決沒有執行之權，而將執行權賦予執行機關。另外，在極少數情形下，立法機關會自行起草法案提出討論；不過，根據理論、世界各國制度以及實況，法律草案通常百分之九十以上係由執行機關起草提出。至於用以補充法律不足之行政規章，則由執行機關制定發布施行。在這種情形之下，執行機關實際享有制度的起草權、補充性法規的制定權、以及制度的執行權。而且，執行工作的主管機關更享有監督權。因爲監督各有關機關統一執行，原本即屬執行權的一部分。

以上說明制度建立權與制度執行權，兩者有相連結與不相連結兩種情形。不過，不論權力如何分配，在法治國家，制度都應該以法規來規定。毫無疑問，我們是一個法治國家。根據五權憲法理論及中華民國憲法條文，五權的劃分，相當明確。復基於事權統一原理，五權相互之間，決無權力相互混淆之理，而自有其法理存焉。例如憲法第七章共六個條文之中，關於各級法院之設置，僅規定爲「另以法律定之」，卻未明定各級法院均應由司法院管轄。似此情形，是否其他四院中之任何一院，遂得揚言並設法在立法院運作，謂司法權之範圍，已逐一列舉於第七十七條，其中並未明文規定各級法院必定隸屬於司法院；因此，此種各級法院之管轄權，乃爲一種剩餘權。而舉凡剩餘權力，應均屬於行政院云云。果若有此怪論，豈不滑稽可笑？因爲基於五權截然劃分原理，及權力統一原理，各級法院之管轄權，當然應屬於司法院，無待憲法明文規定而以法律規定即可。

美國憲法第一條第八節，於極其簡約列舉聯邦國會之權力名稱後，隨即另以第十八款規定稱：「國會有權……於行使上述權力時，以及在行使憲法賦予美國政府、或政府部門、或政府官員之權力時，制定一切必需的和適當的法律。」一八一六年，國會發出聯邦第二銀行特准設立執照。一八一八年，馬利蘭州政府規定，凡在本州營業而未經州議會許可之銀行，其發行的有價證券，必須繳稅。聯邦第二銀行在該州分行之出納員麥卡諾將未繳稅之鈔票發出，馬州遂訴之於法院。經逐級上訴，該案於一八一九年到達聯邦最高法院。在院長馬歇爾主持下，判決聯邦勝訴。其法據即爲上述憲法第一條第八節第十八款，並認爲聯邦之在馬州設立銀行及發行鈔票，雖憲法並無明文規定聯邦有此權力，但此乃係行使憲法所賦予聯邦借債、鑄幣、規定幣值、及徵稅等明文規定權力所「必需的和適當的」步驟。

如果司法院無法院管轄權，試問如何能善爲管理監督各級法院行使憲法所賦予之審判權？同理，如果考試院不能舉辦考試，不能辦理任用審查，不能核定俸給，不能核定考績等事項，則如何能遂行憲法第八十三條所賦予之各項職權？又如何能成爲五權中獨立完整之一權？現修正憲法者，不能自圓其說，在所增修之第五條條文中：將部分權力項目限制爲法制事項，另部分權力項目則未予限制，明顯自相矛盾。更何況予以限制之舉，已先違背五權分立之基本精神。

據上所述，人事制度整體及其各項目次級制度，均應包括各該政策、法制、管理、執行、監督，以及人事管理機構及人事人員之管理等各種與考試權有關事項。

二、我國考試制度中之分區定額

在憲法增修條文制定前，不斷有人評論考試制度中的分區定額問題，結果，遂經憲法增修條文將原憲法第八十五條中有關分區定額之條款，予以停止適用。個人除認爲不妥外，仍感有加以檢討說明之必要。因爲分區定額是我國取士制度中的一個要項，也是我國政治制度中的一件大事；因此，我們必須以嚴肅的態度來面對這一課題。

(一) 憲法有關分區定額規定

我國憲法原第八十五條全文如下：「公務人員之選拔，應實行公開競爭之考試制度，並應按省區分別規定名額，分區舉行考試。非經考試及格者，不得任用。」短短四十七字，至少規定了下列四件重要事項：

1.「公務人員……非經考試及格者，不得任用。」（確立我國考試用人的最高原則）

2.「公務人員之選拔，應實行公開競爭之考試制度。」（確立考試制度之性質應爲公開與競

爭）

3.「應分區舉行考試。」（確立分區舉辦考試之原則）

4.公務人員考試，「應按省區分別規定名額。」（確立分區定額原則）

以上四事，合併觀之，已具體明確規定了整個考試制度的輪廓。其中每一事，本來都有其值得討論闡揚的豐富內涵，不過，由於各方對「分區定額」一事討論尤多，所以，本文僅就「分區定額」一事論述。

(二) 考試法有關分區定額規定

憲法第八十五條對分區定額的規定，措詞頗爲概括，彈性很大。所稱「應按省區分別規定名額」，其中「名額」一詞，究竟係指報名人名額？抑或取錄人名額？以及依據何種標準來規定其名額？又所稱「公務人員」一詞，是否泛指所有公務人員？再如規定名額後，如無人及格又如何？又所稱「考試」，究指所有考試抑或其中部分考試？凡此各端，均有待具體規定，以利執行。爲此，八十四年十一月前之「公務人員考試法」第十三條乃具體規定如下：「全國性之公務人員高等考試、普通考試，應按省區分定錄取名額。其定額標準爲省區人口在三百萬以下者五人，人口超過三百萬者，每滿一百萬人增加一人。但仍得依考試成績，按定額標準比例增、減錄取之。對於無人達到錄取標準之省區，得降低錄取標準，擇優錄取一人。但降低錄取標準十分，仍無人可資錄取時，任其缺額。」

上述條文，其內涵包括下列八部分：

1.所稱公務人員，自係「公務人員考試法」所指之公務人員。

2.所稱考試，以「全國性之公務人員高等考試、普通考試」爲限，而不及於諸如地區性高普考試、特種考試、升等考試等其他考試。

3.所稱名額，指「錄取名額」，而非指報名名額。

4.分定名額，以各該省區之人口爲唯一標準。

5.依人口分定名額的具體方法，人口在三百萬以下之省，無論其實際人口如何稀少，一律平等錄取五名，以保障人口稀少之省區；唯有超過之人口，每「滿」一百萬人增加錄取一人，既不使有所損失、也不使有過當。

6.所分定之錄取名額，得按定額標準比例增減之。但仍以考試成績爲得否錄取之先決條件。

7.無論是否增減，或是增是減，如有省區無人達到錄取成績標準時，得降低錄取成績標準，最多十分，擇優錄取一人爲限。

8.降低錄取（成績）標準十分後，仍無人可資錄取時，該省區該次公務人員高考或普考即任其缺額。

憲法爲國家基本法，不可能也不應該將所涉事項，作過於詳細具體的規定，只能也只應作原則性規定。但其原則，自應明確適當，而不可使之有產生相反解釋或重大差異解釋的可能。根據憲法條文所規定的這種明確適當原則，以法律從事進一步規定，或有所引申解釋，或有所補充，以資具體，均有其必要，俾利於遵守執行。因之，這種做法，遂成爲憲政法治國家的立法常規。上述「公務人員考試法」第十三條所作的八部分細部規定，正是符合這種常規的做法。

上述八部分內容，實際可以概括爲三件事情如下：1.全國性之公務人員高普考試分區定額及其定額標準。2.得依考試成績，按定額標準比例增減錄取之。3.無人達到錄取標準之省區，得降低錄取標準最多十分以錄取一人。

以上三事，第2.3.兩事實係從第1.事延伸之補充規定，爲憲法本文原所未及，但爲利執行起見，自有必要作此補充延伸。就第2.事言，因爲全國各省區既已分別定額，而全國遂亦有其總額，如錄取人數有增減必要時，自應增減。但得否及如何增減，則法律應須有所規定，所以乃規定爲得依考試成績，比例增減之。至於第3.事所定之降分擇優錄取一人，習稱之爲「擇優錄取」，實際似應稱爲「降分錄取」，亦屬延伸性補充規定，其用意在求貫徹分區定額之本意（亦即本文所欲闡釋之分區定額的政治意義），以期儘量設法使文化落後省區仍可錄取一人。

（三）異議之提出及反應

分區定額的考試制度，實爲地域遼闊國家中各地區文化發展榮枯參差不齊情況下所必然產生之結果。憲法第八十五條之作此規定，自有其多方面理由；因此，對這一規定，各方基本上向無意見。政府來臺之初，各方仍無異議而能體會其深遠用心。及至約二十年前，開始有人持不同意見，認爲分區定額，只不過是爲了優待大陸各省區應試人的一種方法而已。實則，持這種異議的人士，對下列二事仍毫無了解：1.分區定額有其大國必要之政治意義。2.在臺灣已實施「按定額標準比例增減錄取」。近二十年來，經考試院及學者多度說明後，持異議者始恍然大悟下列事實：以「分區定額」併同「按定額標準比例增減錄取」實施，其實際結果，不僅不是優待大陸各省的應考人，卻反而是百分之百優待臺灣省籍應試人的方法（詳如後述）。

嗣後，部分人士以及少數民意代表，移轉方向，改而攻訐前述第3.事：「降分錄取」，認爲今日中央政府在臺，而且臺澎地區交通便利，教育文化發展已無懸殊之差異，居住在臺澎地區的全國各省區人民接受教育機會平等，應再無實施「分區定額」並延伸規定「降分錄取」之必要云。

考試院方面，對此完全接受，所作具體反應如下：第一、已於七十九年全國高普考試，開始停止實施「降分錄取」。第二、考選部已於七十九年底提出的「公務人員考試法修正草案」中，將原有關「分區定額」規定之第十三條條文修正如下：「全國性之公務人員高等考試、普通考試，應按省區分定錄取名額。其定額標準由考試院定之。」細閱本條修正文全文，較之原條文內容，已刪除了以下幾部分：(1)以人口為定額標準，及其具體計算方法。(2)得比例增減錄取之。(3)降分擇優錄取一人。足見其修正方針，乃為自原文之具體明確轉變為籠統，形成所謂「空白立法」。換言之，亦即如不另作具體規定，則已無從僅憑此一條文執行。按諸以後事實，考試院在憲法增修條文制定前，並未訂定此一定額標準。

衡諸前述背景，以及原第十三條條文文字並無立法技術上之不妥，又無執行程序上之不便，似可證明，修正條文之實體原因，其為有意從事「空白立法」，至為顯然。但情況經繼續發展，現不僅經修憲對此一規定停止適用，且經於八十五年一月十七日總統明令公布修正施行之「公務人員考試法」，對該條根本予以刪除。此在我國取士制度史上，不能不說是一件大事。

(四) 分區定額制度源遠流長

我中華民族建大國於亞洲大陸，歷史數千年，自有其立國持國的深遠道理存焉。我中華民族之為政，首重用人。所以說：「為政在人」、「人存政舉」；又說：「大道之行也，天下為公，選賢與能。」這種以用人爲治國爲政首要事項的政治哲學，流傳數千年，至今不替。先總統　蔣公也說：「中興以人才爲本。」

用人始於取士。取士之道繁多。兩周家天下，行封建，以宗法治國；所以取士用人也配合封建政治，行世官制。及至春秋戰國，羣雄割據，天下雖有一統之名，實則分裂成一國際社會。其用人取士，自無大國應有的考慮。及至秦統一六國，廢封建而置郡縣，始形成中央集權的統一大國。漢承其後，因而在取士上有察舉制度。

察舉是「察廉舉薦」之意（「漢書」陳鄭年傳師古注），得爲察舉者，雖兼及中央九卿、御史以上高官諸王，但主體實在地方郡國首長的列侯、刺史、郡守、校尉等。其制始於西漢，至東漢遂增分區定額。東漢初，章帝元和二年，詔郡國舉明經者，人口二十鄰以上五人，不滿二十鄰三人。和帝永元十三年，令邊郡人口十鄰以上者，歲舉孝廉一人，不滿十鄰者二歲舉一人，五鄰以下者三歲舉一人（「後漢書」四和帝本紀）。察舉制度雖隨漢亡而衰，但並未全廢。魏晉南北朝雖行九品中正制，但仍間行察舉。「魏文帝黃初二年，令郡國口滿十鄰者，歲舉孝廉一人。其秀異者，無拘戶口。」（「魏志」卷二文帝紀）

隋唐開科舉，迄於清亡，分區定額制度尤爲完備。唐時所稱定額，指鄉貢名額。亦即經中央指派主考官赴各地區舉辦的鄉試及格後，各地區配定貢解至中央參加會試的名額。據「册府元龜」六三九貢舉部載，「上郡歲三人，中郡二人，下郡一人。有才能者無常數。」

宋仍唐舊，鄉貢仍有定額。「夢粱錄」卷四解闈載，向尚書省禮部參與省試貢舉人數，「諸州各有定額。」仁宗嘉祐年間，將以前每四、五年始下詔貢舉，改爲每隔年一貢舉之定制。「宋史」一五五選舉志載：「於是下詔間歲貢舉，進士，諸科悉解舊額之半。」遼金以異族入主中土，尤重選士。考試制度多師法唐宋。金人地區試初有鄉試與府試兩級，後廢鄉試而僅存府試，府試所取，貢解中央參加會試，合格後參加御試（又稱殿試）。據「金史」五十一選舉志載：「府試以五人取一。」（金章宗明昌元年事）但「松漠記聞」載：「凡二人取一。」這是因爲年代先後有所改變，與分區定額無關。府試錄取後貢之於中央會試則有名額限制。「金史」九十六李宴傳：「國朝設科取士，始分南北兩選。北選百人，南選百五十人，合二百五十人。」

元人科舉不僅有分區定額，且有種族定額，亦即按種族先區分名額。元時國民按種族區分爲蒙古、色目、漢人、南人四級，南人最賤。各地鄉試，規定全國共錄取三百人以參加會試。此三百人按上述四級國民，各分配七十五名。各該七十五名又再按鄉試地區分配定額。據「元史」八十一選舉志載：「天下選合格者三百人赴會試。……蒙古人取合格者七十五人，大都十五人，上都六人，河東五人，真定五人，東平等五人，山東四人，遼陽五人，河南五人，陝西五人，甘肅三人，嶺北三人，江浙五人，江西三人，湖廣三人，四川一人，雲南一人，征東一人。色目人取合格者七十五人，大都十人，上都四人，河東四人，東平等四人，山東五人，真定等五人，河南五人，四川三人，甘肅二人，陝西三人，嶺北二人，遼陽二人，雲南二人，征東一人，湖廣七人，江浙一十人，江西六人。漢人取合格者七十五人，大都十人，上都四人，真定等十一人，東平等九人，山東七人，河東七人，河南九人，四川五人，雲南二人，甘肅二人，嶺北一人，陝西五人，遼陽二人，征東一人。南人取合格者七十五人，湖廣一十八人，江浙二十八人，江西二十二人，河南七人。」

明人貢舉初無定額。據「明史」選舉二載，鄉試取錄後往參加會試人數，「洪武十七年，詔不拘額數，從實充貢。」但後至仁宗時，帝與楊士奇等議定定額。「明會要」四十七選舉一載：「鄉試，南直隸八十，北直隸五十，江西次之。浙江、福建各四十五名，湖廣、廣東各四十名，河南、四川各三十名。陝西、山東、山西各三十名，廣西二十名，雲南、交趾各十名。貴州應舉者就試湖廣。」

科舉制度至清而大備。世祖入關之初，納范文程議，於順治二年初行科舉。據「清史」一〇九選舉志載：「清以科舉爲掄才大典，雖初制多沿明舊，而愼重科名，嚴防弊竇，立法至週，得人之盛，遠軼前代。」其有關定額，尤爲細密。清初漢人與滿人原曾分別取錄。「清史」二七四麻勒吉傳言：「滿漢分榜。」（會試）但後來改爲同榜。「清史」選舉志三稱：「滿洲、蒙古爲一榜，漢軍、漢人爲一榜。康熙二十六年，照同漢人一體應試。」「殿試、朝考，滿漢一體。」

清之鄉試解送中央參加會試者，各省區有定額。「清史」選舉志三稱：「鄉試解額，順治初定額從寬，順天、江南皆百六十餘名；浙江、江西、湖廣、福建皆逾百名；河南、山東、廣東、四川、山西、陝西、廣西、雲南，自九十餘名遞殺至貴州四十名爲最少。」後乾隆九年，改定如下：「順天南北皿各三十六，中皿改二十取一，貝字百二，夾旦各四，江南上江四十五，下江六十九，浙江、江西皆九十四，福建八十五，廣東七十二，河南七十一，山東六十九，陝西六十一，山西、四川皆六十，雲南五十四，湖北四十八，湖南、廣西皆四十五，貴州三十六。自是率行罔越。」

至於會試取錄名額，自有科舉以來，原本向無分區定額。但清初順治時起，則將全國各省綜合爲南卷、北卷、中卷。每次會試定一錄取總額，而三卷各配有定額。據「清史」選舉志三載：「順治三年、九年，俱四百名，分南、北、中卷。浙江、江西、福建、湖廣、廣東五省；江寧、蘇、松、常、鎮、淮、楊、徽、寧、池、太十一府；廣德一州，爲南卷，中二百三十四名。山東、山西、河南、陝西、四川、順天、永平、保定、河間、真定、順德、廣平、大名八府；延慶、保安二州；奉天、遼寧、大寧、萬全諸處，爲北卷，中百五十三名。四川、廣西、雲南、貴州四省；安、廬、鳳、滁、徐、和等府州，爲中卷，中十四名。十二年，中卷併入南卷。」此種分成三卷方法之後果，造成各省錄中人數多少懸殊情形，時時有之，甚至邊遠省分有時缺額無人。於是乃改弦更張，定制爲「分省取中，按應試人數多寡，欽定中額。」（均見「清史」選舉志三）

依據上述史書記載證明，二千年來，無論察舉或科舉，我國不僅均有分區定額制度，而且異族入統中原者，更有種族定額制度。元人歧視漢人與南人，以漢人與南人丁口之眾多，竟仍各僅分予總額三百名中之七十五名。清人善於統治，初因滿人不文，所以滿漢分榜。既然分榜，取錄標準自然寬嚴有別。但至康熙時迅即改滿漢同榜，其高明如此。而所謂分區定額，自科舉以來約一千二百年間，率皆爲經鄉試錄取後解送中央參加會試之各地區定額。至於會試之錄取，則無定額，唯清人始創按南、北、中三大地域分配名額取錄之制，後又改爲按省區定額。至於殿試或御試，則從無定額。

決定各區名額之因素爲何？東漢時按人口多寡，地區人口無論多少，在某定數之下者或定數之下部分，一律配予一平等之基本名額，超過部分則每滿一定量增配一名。隋唐行科舉後，率多循行。雖偶亦有酌爲參採地方貢繳中央租稅多寡以決定者，究屬稀少之例外。

(五) 政府在臺實施分區定額實況

八十四年十一月前之「公務人員考試法」第十三條內容，本文文首已有所述。該法公布施行於民國七十五年元月二十四日。但在此之前的「考試法」，初公布於民國十八年八月一日，本無類似條文。至三十七年七月二十一日第三次修正公布施行，始配合三十六年十二月二十五日施行之中華民國憲法第八十五條規定，增列條文，規定全國性的公務人員考試，應按省區分定名額，其定額比率以人口爲標準。至五十一年八月二十九日第六次修正施行，又在此一條文中增定但書如下：「但仍得依考試成績按定額標準比例增減錄取之，對於無人達到錄取標準之省區，得降低錄取標準，擇優錄取一人，但降低標準十分仍無人可資錄取時，任其缺額。」堪加注意者，爲此一但書之增定，係在中央政府遷臺十餘年後之事。

茲就此一條文所定：1.分區定額。2.按定額標準比例增減錄取。以及3.降分擇優錄取一人等三事，歷年來施行實況分別說明如次：

1.關於「分區定額」：「考試法」於三十七年修正增列如上述有關分區定額的最初條文後，考試院遂依據內政部調查統計所得最新各省人口數，訂定各省區定額並予公告，但海南島及蒙古二地則另於民國四十五年，經考試院第二屆第七十二次會議核定標準公告。據此，各省區之定額如下：江蘇（包括南京、上海）四四名，浙江二三名、安徽二四名、江西十五名、湖北（包括漢口）二四名、湖南二八名、四川（包括重慶）五〇名、西康五名、福建十三名、臺灣（包括臺北、高雄）八名、廣東（包括廣州）二八名、海南五名、廣西十七名、雲南十一名、貴州十二名、河北（包括北平、天津）三四名、山東（包括青島）四二名、河南三二名、山西十七名、陝西（包括西安）十三名、甘肅九名、寧夏五名、青海五名、綏遠五名、察哈爾五名、熱河八名、遼寧（包括瀋陽、大連）十四名、安東五名、遼北七名、吉林八名、松江（包括哈爾濱）五名、合江五名、黑龍江五名、嫩江五名、興安五名、新疆六名、西藏五名、蒙古八名、僑居國外國民十五名（內港、澳僑民各三名）。以上三十九地區中，臺灣地區當時人口爲六百餘萬人，故爲八名，後以人口陸續增加，已將定額累計增至二十二名（見「考試院考銓統計提要」七十四年版十三頁）。

但中央政府遷臺後，臺澎金馬地區人口籍貫結構特殊，臺灣（及北、高二市）省籍人口在臺澎金馬我實際控制地區全國各省人口中，所居百分比自然特高。因此，應高普考的臺籍人數百分比當然也相對提高。至此，如仍完全遵照憲法與法律所定上述定額最初之八名以至後來之二十二名錄取臺籍應考人，實有不妥。爲彌補這種政治實況所造成的困難起見，考試院採取了兩項措施：第一、自三十九年至五十七年除每年舉辦公務人員全國性高普考試外，並舉辦臺灣地區公務人員高普考試，以與全國性高普考試併行。依當時「考試法」第二十一條第一項規定：「各省區之公務人員考試分別在各該省區舉行，應考人以本籍爲限。」因此，所錄取者，悉爲本省籍。第二、從四十一年起，復將全國性公務人員高普考各省區錄取定額一律加倍。由於其他各省應考人既少，到達錄取標準者也少，所以雖經加倍錄取，而實際能錄取者仍常不能加倍；但臺灣籍者則反是，而確能充分享受加倍之實利。

由於上述兩種補救措施，雖使臺灣省籍錄取人數大增，且完全合法；但衡諸實際，以全國性公務人員高普考試與臺灣省區性之公務人員併辦方式運作，在道理上畢竟稍有牽強。

2.關於「按定額標準比例增減錄取」：由於上述原因，政府遂於五十一年八月二十九日修正公布「考試法」第二十一條增列但書。此一但書有上下二段，除其下段爲降分擇優錄取，俟後再述外，其上段之「按定額標準比例增減錄取之」，不僅爲上述加倍錄取之法制化，且既定爲「比例增減」，則彈性更大，可不受「加倍」之限制，而可斟酌爲「比例增減」數百倍。此一條款實際施行之真相，經考選部說明如下：「錄取人數，悉按考試成績爲準。在符合憲法規定分省區定額的原則下，依照考試法第二十一條的規定，以各省區應考人考試成績之達錄取標準者一律錄取。關於臺籍應考人歷年錄取情形是：(1)歷年臺籍及格人員，遠超過其定額，乃增加若干倍予以錄取，俾事實與法律得以兼顧。因係根據實際錄取人數加倍，故歷年所增的倍數多少不同。(2)近十年來，高普考臺籍報考者計十七萬三千四百三十一人，佔百分之七十八點七八，其他省區報考共佔百分之二十一點一三。至於及格人員，臺籍及格者，計一萬零七百六十九人，佔百分之八十一點六六；其他省區及格者，計二千四百一十八人，佔百分之十八點三四。」（見六四年十月五日「中央日報」）所稱比例增減，歷年均視實際情形決定。例如七十八年高考所增爲九十三倍，普考爲八十三倍（考選部七十九年八月編印「中華民國考選行政概況」第三九頁）。

茲舉例以明其實際作業情形：假如某年高考有二萬人報名，依考試成績，以及當年所需亦即可供分發之缺額，可錄取一千名，於是按成績最優者錄取一千名。經拆開彌封按省區分別計算，此一千名中有八百八十名爲臺灣省籍，於是，依「考試法」第二十一條但書上段規定，以臺灣省定額二十二名除之，八八〇名爲其四十倍；因此，各省區該年取錄名額各皆乘以四十倍。但經查該年江西省區在已錄取之一千名總額中，僅有十人，按江西分區定額十五人乘四十倍，應可錄取六百名。現由於事實上既僅有十人及格，則依「考試法」第二十一條「依考試成績」之規定，自應仍僅錄取十人。因此，按擴增爲四十倍之六百名中之五百九十名增額乃成虛無。其他省區計算方法與實際結果，情形與此相似。據此以觀，此種比例增減之實施，其變數有三如下：⑴該次全國性公務人員高考（或普考）所能錄取之總額（即所提供之職缺）。⑵該次高考（或普考）按成績所錄取之各省區分別名額。⑶該次高考（或普考）錄取人數最多之一省（即臺灣省），除以其分區定額所得之倍數。實際上，自五十一年修法實施比例增減錄取方法以來，以及今後當中央政府在臺期間，此一錄取人數最多省區，永遠爲臺灣省區。

雖然有上述多種變數，但實質上只是按實際需要人數，依應考人成績擇優錄取。如此分區，定額之形式固存，實質則已盡失，而形成按成績擇優錄取。

玆轉錄統計數字，以證明此種運作對臺灣省區所形成之重大優待結果。自民國三十九年至七十八年共四十年間，高考及格人數二五、七六五人，其中臺籍一八、二〇五人，佔七〇·六六%，其他各省籍七·五六〇人，佔二九·三四%。普考及格人數三九、三八六人，臺籍三〇、六二四人，佔七七·七五%；其他各省籍八、七六二人，佔二二·二五%。（考選部七十九年八月編印「中華民國考選行政概況」三七頁）

3.關於「降分擇優錄取一人」：目前將此一規定簡稱爲擇優錄取，似未盡恰當。因一般考試原即爲擇優錄取。考試法此處所定者，係指如某一省區在上述舉例所錄取之一千人中，如發現竟無一人錄取時，得降分擇優錄取一人，如降至十分後仍無人可資錄取時，則聽其從缺。故實際爲降分擇優錄取一人，亦即最多加十分錄取一人。

上述「依考試成績按定額標準比例增減錄取之」方法，實際已將分區定額規定取消，已見上文；但降分錄取一人的規定卻又將之略予挽回。因爲雖不能完全按分區定額錄取，更不能依成績按比例增減錄取，卻仍可降十分錄取一人。爲數雖少，卻可將分區定額不使任何地區偏枯的初意，在兼顧成績要求下，聊表微意。依據官方報告，例如自七十三年至七十八年六年期中，高普考試依此規定降分擇優錄取人數共計九十七人，其中高考四十七人，普考五十人。分別居同期間高考錄取總人數八、七五三人之〇·五三七%，普考錄取總人數九、二八七人之〇·五四%（同上「考選行政概況」頁三四——三五），比率甚小。但近年來，各方對依此規定而予錄取之此一微末百分比人數，竟再三加以批評反對。考試院遂於七十九年五月三日經第七居第二七三次院會決議，自七十九年起，停止辦理降分擇優錄取。

在「公務人員考試法」未修正以前，停止辦理，並不違法。因此一條文但書原文爲：「對於無人達到錄取標準之省區，得降低錄取標準……」條文中所用爲一「得」字，已賦予考試院「得」或「不」之裁量權力，故不違法。

至於是否符合憲法規定？憲法稱：「公務人員之選拔……應按省區分別規定名額……」自七

十九年起至八十年五月一日第一次憲法增修條文施行日止期間，仍依「公務人員考試法」規定名額及全面按比例增加名額計算，只是成績不達錄取標準之人員不予錄取，在形式上自然與憲法文義符合。但與憲法此一條文精神是否完全一致，實有重大疑義。

(六) 分區定額的政治功能

分區定額的實質，是在保障例如邊遠或文化落後等特殊地區國民，能在全國性公務職務中維持一定人數，因之，可以視爲某種程度的保障名額，也是一種優待名額。

爲何如此?

質言之，分區定額雖只不過是取士制度中的小部分，但卻有如各朝代的取士制度本身，無不各有其政治上的深意在焉。

先就我國政治發展史而言，整個全局顯然是從分散趨向統一，從小國林立到大國形成，從地方分權到中央集權。在這一過程中，所產生的根本問題是如何達成統一，如何維持統一，以及如何善盡統一後國家所應盡的責任；使之不僅在國體上與政治實質上都是統一國家，而且更必須在全國國民心理上也共同形成國家觀念。這是所有疆域遼闊國家的共同問題。爲求達成諸此要求與任務，國家所須努力之處甚多。而良好的取士制度，實爲其中重大要項。

西方文化偏重分析，重視局部與個體。這種精神，無論在學術上、社會上或政治上，莫不明顯可見。西方社會盛行小家庭制度與個人主義；經濟上產生個人資本主義；政治上有以個人爲基礎的民主政治。治學趨向專精與分殊，例如行政學，則自政治學中獨立出來自成一學門；而人事行政學卻又從行政學中獨立出來。西方人治人事行政學，純就如何提高人員工作效率著眼，甚少有學者體認人事行政所應有以及所包含的政治意義與政治功能。僅偶有學者於論及公開競爭性考試制度時，指述其深具民主精神而已。西方學者僅知選舉是民主政治的手段，而罕言公開競爭的考試制度，不僅也具有民主精神，抑且同樣爲形成開放社會與開放政府的重要手段。因爲整個政府爲一統治集團，而這一集團，卻是由制定政策人員與執行政策人員兩部分構成。除制定政策的民意代表及政務官員大多來自民選外，其餘執行政策人員均非民選而屬任命。制定政策固然重要，而執行政策之重要性，則不僅不次於制定政策，甚或更優於制定政策。西方學者闡述此種觀點者至多，無待辭費。

執行政策的公務人員既如此重要，卻能經由考試以進用，自廣大社會掄選，無待任何集團、階級、私人關係之憑藉；由此所表現之政權公開精神以及改變社會結構的價值，實較選舉更爲彰顯。人民與政府間的接觸，百分之九十以上係經由此種爲數繁多之執行人員，接觸後作成之結果與決定，百分之九十亦出自此種執行人員之手或經由其手。一個實行民主政治的政府，雖然經由選舉產生民意代表及部分決策官員，但若其龐大的執行人員集團被特殊性質成分人員所把持壟斷，則給予人民之觀感如何？不問可知；以及此政府是否仍得認爲爲一真正民主政府，實堪疑惑。

我中華民族的智慧，就此方面而言，實遠優於西方民族，我民族性偏重於全盤與整體觀念。在學術上講求廣博與通達。孔子說「吾道一以貫之」，儒家從正心誠意講起，而終極則講世界大同與天人合一。諸子百家大都也與儒家相同，將修己、待人、治學、處事，以至於整個人類、世界、宇宙，都視爲一體，充分顯示了這種整體觀念。在社會上，則從家庭、宗族以至於民族，甚至擴大到姻親關係，都表示力求整體的廣闊與關聯。至於在政治上，則從早期的民族關係轉變爲國家關係，又以血緣親屬關係作爲中心而建立封建制度；至秦以降，幾千年來，則堅持「天下定於一」觀念。凡此種切，無不強烈表現我民族性中的整體觀念。而這個整體，主要是國家，國家的實質是民生。這實在是我民族思想要項之一。

我民族思想要項之二是人文主義。表現在政治上就是民本思想。因爲有民本思想，在帝制下，也就必然引伸出聖君思想。以此爲基礎，演繹發展，其結果是形成下列觀念：良好的政治應該是有聖君（兆民賴之），有賢能大小臣工（選賢與能）、以上天的意志爲意志（爲天地立心）、亦即以人民的意志爲意志（天聽自我民聽）、以謀求人民的生存與幸福（爲生民立命）、以謀求國家的團結與安全（爲萬世開太平）。

綜合上述各端，我們民族思想的中心精神是重視人，認爲政治的中心也是人。所以說：「爲政在人」、「不競惟人」、「人存政舉」，而且爲政的目的也是爲了人。

因此，我國的用人行政，自古以來，從不曾與政治分離而去獨立門戶，也從來都是政治本身牢不可分的重要部分。與西方將人事行政與政治分開而且演變成有時相互矛盾的情形（參閱拙著「三個差距與六類要求」一文），完全不同。民國以來，我們學術界師法西方，也把人事行政與政治分開。學者們普遍認爲人事行政的目的僅在提高行政效率而不及於其他。對於我國自古以來所講求的「爲政在人」以及用人行政的深遠政治意義，幾乎完全忽視。對於憲法何以有「分區定額」的考試制度規定，有人甚至一無所知。

以上所述，只是就我民族性與文化背景來看政治與人事行政的關係，以及對考試取士的基本看法。至於就分區定額而言，實在是一個疆域遼闊國家所必然應有的結果。例如美國聯邦政府用人，必須兼顧各州間的平衡，聯邦政府人員，係按各州人口數目比率以進用各州籍人員。這是因爲美國也是一個大國而然，或許更因爲美國是一個聯邦國家而然。但若就地區、交通、經濟、文化、教育等發展情形而言，除了阿拉斯加及西南地區若干州較爲落後外，其他絕大多數州相互之間並無懸殊的區別。反觀我們自己的國家，無論就人口、交通、經濟、教育、文化、社會等任何一個因素，或是合併各個因素來看，各省區相互之間都有懸殊的差異。就其發達情形而言，不僅蒙古、新疆、西康、青海、綏遠、察哈爾、合江、黑龍江、嫩江、興安、綏遠、甘肅、寧夏、海南等省區（這些省區總面積遠超過我國疆域總面積之半），較之長江中下游各省區有天淵之別，甚至在其餘不到一半地區中，各省相互之間仍有頗大的差別。

另外一個美國所沒有的重要因素，就是種族因素。美國雖然也是個種族混雜的國家，但是種族高度密集以聚居於一、二地區的情形，並不明顯。我國則不然，除了個別漢族居住於大片土地之上外，其餘滿、蒙、回、藏、苗、猺以及許多其他大大小小的種族，都分別聚居於中國大陸自東北起，沿邊疆往經北、西北、西、西南以至南邊所構成的半圓邊沿地帶，恰好是一個將交通不便、經濟與教育文化落後等因素結合在一起的地帶。因此，分區定額的考試制度，不僅有分地區定額的用意，實際上更隱含了分種族定額的意義。

僅就我國而言，分區定額的直接具體功能，至少有下列數項：

1. 政治利益的地區分配：毫無疑問，從事公職的機會，是一種政治利益。而在一個把士大夫視爲一流國民的中國社會裡，其爲一種特殊政治利益，更無待多言。假定地區性考試所選拔的人才，主要目的是在服務地方政府，則全國性考試所選拔的人才，當然是服務中央政府之用。設若沒有分區定額制度，毫無疑問，各邊沿省分的應試人，必將極少被錄取的可能。因之，任職中央政府各機關的公務人員，也就極少有邊沿省籍人民；反之，文化教育特別發達進步的少數省籍人民，將必佈滿中央政府各機關之中。長此以往，會造成一種印象：中央政府只是少數特殊省分人士所有，而不是各個省區人民所共有。儘管中央政府可以辯稱，這些人員，都是依據公平競爭性的考試，按成績優劣標準所錄取。但這種說辭，並不能改變政府職位爲少數地區所獨佔的具體事實。因此，必要時，在考試成績標準上略予降低，按定額予以錄取，乃屬政治上所必要的利益分配。或許有人會說：中央民意機關代表係由各省區選舉產生，已有了政治利益地區分配的涵義云云。這話固然不錯，但是，在地區人民的觀念中，僅有地區選舉民意代表是不夠的，因爲政治利益的地區分配，必須在許多重要的事項上表現出來。

2.擴大政治溝通：分區定額固然是政治利益的分配；在另一方面，同時也是政治溝通。當地區人才任職中央政府時，地區人民無形中會有一種這個政府我也有份的感覺。這種任職中央政府的地區人員，雖不具民意代表的身分，卻同樣可以表達有關地區利益的意見，而且是在行政機關內部的會議上或作業過程之中表達，較之民意代表在議會中發言所產生的作用，更直接有效。另一種情形，當原任職中央的地區人員外放，回到其本籍地區任職時，自然會對地區發生宣導作用，同時也使地區產生親切感。縱然本籍爲甲地區的人外放到乙地區時，其本籍地區人民仍必引以爲驕傲。

3.普及文化並刺激地區進步：歷史上的科舉時代，任何居住於窮鄉僻壤或荒山幽谷的人，都可以面壁苦讀，地區文化賴以普及進步。如今雖非科舉，但在分區定額制度的鼓勵下，當然會刺激地區興辦教育，也激勵青年外出求學，對於地區文化的提高，大有助益。

民族形成的因素以及國家形成的因素雖多，學者們學說更多，但大多數學者都同意，無論血統、武力、歷史、地理，以及其他種種因素，其所造成的最後因素，也是最重要的因素，就是心理因素。亦即心理上認同我們同屬一個民族或同屬一個國家。有此心理，而後才有愛國心、團結心和向心力。分區定額制度有助於國家心理之形成者至大。

因此，我們可以百分之百肯定分區定額制度的政治價值。

(七) 按考試成績比例增減錄取的政治意義

「公務人員考試法」所定「得依考試成績，按定額標準比例增減錄取之」，是憲法第八十五條所無，甚或亦不爲憲法第八十五條所隱含。因爲依本文前述，這一條款執行後的實際結果，是抵消了分區定額的規定，而回復到完全依考試成績錄取，用以確保臺灣省區籍貫的應考人得按成績充分錄取，而絲毫不受分區定額的限制。但在形式上，卻又完全符合分區定額的規定。這看起來實在是一項十分神奇的大發明，足爲考試院人員具有高度政治智慧之明證。

政府爲何如此？究其實際，無非是因爲今日中央政府在臺，而臺灣省籍人員所佔自由地區人口比率特多，各省區人口比率則特少。爲資公平，又爲資拔擢及培育臺籍人員，才設計如此一套法定方法，以充分錄取臺籍應考人。

所以此時此地，考試法特別增定「得依考試成績，按定額標準比例增減錄取之」條款，毫無疑問，完全是由於政治需要。分區定額原是爲了保障邊遠或發展較後地區應試人而定，現在增減錄取則是爲了保障政治文化中心地區—亦即國家分裂時期民族生存基地應試人而定，方法雖相互異趣，而宗旨在謀國家利益則一。

（八）降分擇優錄取的政治意義

降低錄取標準最多十分以擇優錄取一人，雖亦非憲法原文所有，但卻是從憲法條款含義中所引伸而訂列。因爲憲法雖僅敘及分區定額，並未敘及錄取標準，但憲法既言「應實行公開競爭之考試」，自然即包含按成績優劣以競爭之意。不過，憲法絕未明言或暗示可以降低錄取標準十分以擇優錄取一人；所以，這一條款，應爲民國八十四年以前「公務人員考試法」及更前「考試法」所增定，以補充憲法之不足。此乃由於已增定「比例增減錄取」條款，將分區定額規定實際抵消，結果實質與憲法規定有所差距；因此，始同時亦增定降分擇優錄取最多一人條款，俾分區定額制度的精神又得稍存微意，且與憲法精神相符。用心良苦，實有其政治深意存焉。

今日政府在臺，全國各省區人民在此民族復興基地同等接受良好教育，同等接受良好文化薰陶。如仍以各省區經濟、文化、教育發展參差不一爲理由而實施分省籍定額以錄取之考試制度，自然與事實有違，難謂合理。因此，部分人士對分區定額以及降低成績標準最多十分擇優錄取最多一人，均有異議，非全無論據。

不過，今日的我國，在政治上並非處於常態。一個國家而有臺灣與大陸兩個地區分治，應該只是短期現象，遲早必將統一。因此，儘管我們中央政府目前仍處臺灣，但卻也仍然是一個包括大陸各省區在內的全中華民國中央政府，我們必須保持我們一個疆域遼闊大國政府的規模。在全國性公務人員高普考試中，以降分錄取百分之〇・五人數的象徵性微末代價，而能換取重大政治價值，實在是一種勝算。如果有人對之仍斤斤計較，是否得謂爲智者，不無疑惑。至於有人舉例說，有少數人巧計變更籍貫以圖不正當利益而獲錄取云云，確非所宜；但應可以技術性措施予以杜絕，卻不必以枝節問題而影響政策根本。

(九) 結　語

分區定額，在我國取士制度史上是一個重要傳統。因爲目前各方討論殷切，所以不得不略述其概要以供參考。個人只是就事論事，完全不涉及贊成或反對何人何意見，更無冒犯之意，應可獲鑒諒。目前有關分區定額之憲法條款已遭「停止適用」處分，八十五年元月修正施行之「公務人員考試法」亦已刪除有關條文，分區定額制度已不存在，個人實不勝歎息。但既言「停止」，即可恢復。殷望愛國有識人士推動恢復此一憲法條文。

三、考試權之設計與運作

筆者先後任職考試院銓敘與考選兩部有年，最後於考試院範圍內以政務官退職。爲免遺忘及佚失，茲就所知所聞以及查考所得，將有關考試院事項，擇述數端於此。除有關戴故院長者，他人所述已多外；其餘各節，論述者較少，似有參考價値。尤以三、四、五等節所作之分析或歸納，筆者此處之敘述，似尚爲創始。敬請指教。

（一）戴季陶先生為考試權奠基

民國四十六、七年間，筆者任職國民黨中央黨部秘書處。其時秘書長爲張少武（厲生）先生。某日，三數同仁奉召至秘書長室討論一事。因所議事項間接與故戴季陶先生有關，討論畢，少武先生敘一事以表其對季陶先生之崇敬謂：當年北伐成功，政府奠都南京，開始訓政時期施政，並試行五權制度。蔣委員長徵詢戴季陶先生本人意見，請其在考試院長與教育部長二職務中，自擇其一任之。戴先生遂表示，願爲考試權之確立盡其心力云。

考試院爲五院之一，其院長地位崇高，當然優於部長。但教育部長之職，在先總統 蔣公心目中特別重要（現與區區年齡相彷之從政人士，應皆知之）。至於就業務負擔之繁簡輕重而言，因教育部於民國成立之初即已設置，業務已有軌道可循；考試院則爲我國有史以來前所未有之一全新機關，凡事均需開天闢地做起。且教育部長一職，乃全國知識分子最高主管機關長官，至爲風光，應爲知識分子所最嚮往。但戴先生毅然選擇考試院，甘願任勞任怨，從事此一費神費力之開創性工作，爲考試權奠定根基。

對考試院創建歷史稍有了解之人士，應無不知其過程之艱辛。試觀今仍不乏人士以三權觀念評論考試院，則草創之初，情形如何，更不問可知。所幸得有戴先生首任院長並長期主持，始得卓然獨立於初創時期，而得奠定其最高考試機關之根基。

(二) 從制衡原理論考試院地位

民主政治之目的，在保障人民權利與自由；因此，首先應防止專制與獨裁，以免執政者侵犯人民之權利與自由。爲此，除實行選舉制度，以便定期更換執政者外，並採取權力分立制度，使各權力相互立於一平衡地位之上，彼此牽制，而勿使任何一權力形成專制或獨裁。此一策略，政治學者稱之爲「牽制與平衡原則」，簡稱「制衡原則」或「制衡原理」。三權憲法如此，五權憲法當然亦如此。

各個權力之間，欲求做到十分平衡，誠爲不易。但爲求達成目的，至少亦應做到各個權力之間，其權力大小輕重，不致相差太大。其要點端在權力配置之適當平衡，始能相互發生牽制之實效。

我國五權分立制度實施以來，爲時即將半個世紀。事實證明，五權之中，其權力最不能伸張者，爲考試權。究其原因，基本上，實由於憲法對其有關之設計欠妥。茲依現行憲法及有關法律所定，將考試權與其他四權間權力互相牽制關係之事項，引述如下，閱後當可立即瞭然：

1.考試院院長、副院長及考試委員，經總統提名，以前應送請監察院同意，修憲後，現改爲應送請國民大會同意任命之。

2.考試院及所屬考、銓兩部之概算，均應送行政院彙編。行政院有權通知考試院及兩部派員前往說明，並有權不同意、或削減、或剔除考試院及兩部所列概算中之部分。

3.考試院及兩部之概算，經行政院同意後，納編入中央政府總預算之中，送立法院審查。立法院有權刪減、否決、或同意考試院及兩部之預算。

4.預算經完成立法程序公布施行後，考試院及兩部應編就全年度分配預算，送經行政院主計處同意後，主計處及財政部按每月所列分配數撥款；考試院及兩部並應定期檢據，報請監察院審計部審核。

5.考試院及兩部於年度終了時，應編製決算，送監察院審計部審核。審計部如認爲有不符規定之處，得要求考試院或兩部說明，並得依規定，決定不予核銷。審計部審定後，應將決算送立法院審議。立法院有權同意或不同意其決算。

6.考試院對有關其職權範圍内之法律草案，應送請立法院審議。立法院有權通知考試院前往說明，並有權刪改、否決、延擱、或通過其法案。

7.考試院應依立法院所通過之各項有關法律執行公務。如監察院認爲考試院，或其所屬兩部，或其工作人員，有何違失之處，監察院得對之行使監察權，包括彈劾、糾正、糾舉等。

8.考試院執行公務，如經其他機關或個人，認爲其違法或不當，而依規定程序訴經司法院行政法院、或公務員懲戒委員會裁定，考試院應予依從。

9.自國民大會、總統府，以至地方基層之鄉、鎮公所所有行政機關，所任用之公務人員，均應依法經考試院考試及格，且應送經考試院銓敘部審定合格，始得任職。

以上所列述之九項，其中僅有第九項係考試院對其他四院及其所屬各機關行使之權力，其餘八項均係其他各院機關對考試院行使之權力。考試院在所謂牽制平衡中，所享有之權力如此之微弱，與其他四院權力之間，如此之不平衡，尚有何力量發揮其牽制力？

考試院之積弱，實植根於憲法此種不合理之制度設計，彰彰明甚。

至於考試院權力之被侵蝕，除此次憲法增修條文所爲最爲顯著外；在其他衆多有關之法律中及實際行爲措施上，均有具體事實可資舉述，在多篇其他拙文中，均有敘述。

(三) 考試委員之遴選與任命

我國政府中之一般特任官，法律多不作積極任用資格之規定，亦無消極任用資格之規定；僅有少數特任官如考試委員及大法官則屬例外，而有法定之積極任用資格。惟仍無消極任用資格之規定。

憲法第八十四條稱：「考試院設院長、副院長各一人，考試委員若干人，由總統提名經監察院同意任命之。」現行憲法增修條文第五條改定爲：「……由總統提名經國民大會同意任命之，不適用憲法第八十四條之規定。」據此，「考試院組織法」進一步規定，其第三條稱：「考試委員之名額定爲十九人。」第四條稱：「考試委員應具有左列各款資格之一：1.曾任考試委員，聲譽卓著者。2.曾任典試委員長而富有貢獻者。3.曾任大學教授十年以上，聲譽卓著，有專門著作者。4.高等考試及格二十年以上，曾任簡任職滿十年並達最高級，成績卓著而有專門著作者。5.學識豐富，有特殊著作或發明，或富有政治經驗，聲譽卓著者。」依此五款規定之性質分析，其中除「曾任考試委員」、「富有政治經驗」與「曾任簡任職滿十年並達最高級，成績卓著」三句所定，係指出身政治界或行政界者外，餘各款各句所定，均係指出身學界者。

以上所引兩條憲法與兩條「考試院組織法」，條文內容所涉考試委員之遴任事項，有名額、有積極資格條件、有任命程序，均甚爲具體。其中「考試院組織法」第四條列舉五款所定之不同任命資格條件，雖然顯示有關學界出身者之條款較多，但卻並無每款人數分配比例之規定，故甚有彈性。凡此均遠有別於其他特任官之無規定，故執行應甚便利。但歷來每逢六年一次之新考試委員任命之提名作業時，即傳出消息謂，提名作業訂有若干對遴選人後加之法外消極條件。事後對照事實，證明此種傳言並非虛誤。

考試委員任期六年，自行憲後之民國三十七年九月一日起之六年，稱爲第一居；截至七十九年八月三十一日止共計七居。在此七居之中，依各居委員名單分析，發現以下數端，似爲委員羣背景及委員羣構成之明顯特徵：

1.來自學術界者遠多於行政界者。

2.每居必有一、二、三人爲國學家；一、二、三人爲來自監察院者。

3.具有任職人事管理工作資歷者，或曾從事人事管理學研究工作者，第一居無；第二、三、四居僅有同一人連任三居；第五居有一人；第六居有二人；第七、八兩居各有二人。

4.來自學術界者，分布各個不同之學術範圍，且有來自至爲偏僻之學科者。例如水土保持等。

此外，自歷居委員候選人遴選過程期間所透露之訊息，以及後來任命之事實，可以發現，委員候選人之遴選包含有下列各項原則，亦即上文所稱後加之法外消極條件：

1.考試委員十九名，按省區分配每省一名。但因名額不敷分配故每居必斟酌將某若干個省合併爲一個地區，配予一名。

2.現任考試委員原則必予提名連任。故在過去八居中，在前數居，有多人最多曾連任四居之久，亦即任期長達二十四年。惟自第七居提名開始，凡已任二居者，即不提名其連任第三居。

3.自第六居開始，年齡逾六十五歲者，無論初任或連任，皆不予提名。

中華民國現正處於大變動時代。誠如若干政壇觀察家所言，在此偉大時代之中，雖然事事幾乎均有新遊戲規則，但事事亦均有例外。故雖有上述非法定之外加消極條件規定，亦即新遊戲規則；但在創設此新遊戲規則之同時，立即製造例外，實欠缺誠信。

以上所述，皆爲有關第一居至第七居之分析。至第八居，亦即自七十九年九月一日開始以至八十五年八月三十一日任期終止之現任本居，有一重大之改變，即於第八居就任之初，每省一人之傳統已變。臺省籍者有四人。一年後，有大陸某省籍之委員中途離職，經補提另一大陸省籍委員補充，而形成該大陸另一省籍者在該居中同時有二名。在上述情形中，臺省之有四人，係由於現今中央政府在臺灣，予以增加名額，頗符合政治實際狀況，應屬合理；而另一大陸省分之同時亦有二人，則似非政治上之必要，僅顯示原先一省一名之外加規則，已予放棄。

依法定之六年任期計算，八十五年九月一日，爲考試院第九居開始之日，其變化如何，且拭目以待之。

關於上述四項特徵及三項外增之消極條件，其中有數事似可略加討論：

1.關於每省定額一名，此與我國數千年來中央取士制度之向有分區定額傳統精神相符，亦爲我憲法第八十五條精神之發揚，有助國家團結，甚有政治意義，應設法予以維持。

2.關於人選以六十五歲以下者爲限，似有待商酌。因依據我國政界實際情形，並就現今我國國民健康情形而論，必須每日上班且擔負辦公室沈重工作量之政務官首長，猶未限制其年齡；而獨對此無需上班之考試委員予以苛求，似非允當。因考試委員係負責決定政策，正應以資深經驗豐富者爲宜。現反而將此種正可報效國家之人才棄而不用，實所不解。

3.最重要者，爲考試委員之學識經驗，應如何與其任務職責相配合問題。歷居考試委員，多飽學之士，但所學者，百分之八、九十皆爲與考銓政策及考銓行政無關之其他各種不同學科。政府之所以如此做法，揣其用意，似以爲考試委員之任務，不外乎辦理考試而已。而考試之科目繁多，自應廣爲延攬各種不同專業科目之人才，以應各種考試科目之需要云。但筆者認爲，此實爲一重大而澈底錯誤之觀點。因考試院之職掌，載之於憲法；考試委員之責任，即在共同執行憲法所規定之諸此職掌。考試院並非一長期之考試機器，考試委員亦非長年專任之典試委員；其主要責任乃在參加考試院院會，共同決定國家考銓大政、審查考銓法規，以及審查考銓兩部呈報到院之重要案件。且國家每年舉辦考試，不下三十餘次之多，所涉考試學門眾多。以公務人員高、普考試爲例，八十四年之類科多至一百零七種，考試科目多至四七九種，決非十九名考試委員之所能予以概括；反之，政府亦不能爲求概括數量如此龐大之考試科目，而任命數量與之相同之考試委員。但解決之道亦至爲簡易，考試院僅需於每次舉辦考試時，廣爲聘請考試院以外之大量學者教授爲典試委員、命題委員及閱卷委員，以資協助即可。故考試委員之遴選，實應配合其決定考銓政策此一主要任務，而任命熟研人事管理或公共行政學之學者，以及深具政府實務經驗者爲是。

(四) 修憲前後考試權之變與不變

1. 五權制度的特殊價值

我國的三民主義和五權制度，眾所共知，當然是　國父中山先生的偉大發明；但如從宏觀背景看來，實際上是西方的民權思想，和我國固有的民族、民生思想結合後，形成時代潮流，從這個潮流產生三民主義；而五權制度則是西方的三權思想輸入，和我國固有的考試、監察思想結合成時代潮流，而在這個潮流中，有聖人出焉，畫龍點睛而發明五權憲法。因此，五權思想實在是東西文化融合後自然長成的制度，決不能從形式上認爲只是　國父個人創造（製造）出來的。五權制度的特殊價值，在其係長成於十九世紀末與二十世紀初中國泥土上，具有濃厚的中國本土性和強烈的民族色彩。唯其如此，所以是最適合我民族體質的優良制度。因此，我們要珍視五權制度。

2.考試權的三種特性

研究五權憲法的學者們，對考試權的特性有許多高明分析。但是我下面所舉述的三項特性則是個人在考試權下工作二十年後，從實務中所體會出來的事實，並非抽象的理論研究心得：

(1)在體制上，考試權和其他四權一樣，在憲法上都是獨立、平等和最高的國家權力。

(2)在設計上，五權制度中有中央與地方的均權制度，但大致說來，均權似乎只與行政立法兩權有關；而司法、考試、監察三權卻都是百分之百完整屬於中央立法和中央執行的權力。就考試權這一部分而言，只有憲法一〇八條第十一款所定的事項，經中央立法後，得由中央決定是否要交由省縣執行；但事實上，目前並未交由省縣執行。這種情形，或許也可以換一種說法，在均權主義下，司法、考試、監察三權是百分之百「均」（分）給中央的。

(3)在五權相互制衡關係上，考試權是最弱的一環。所謂制衡，就是相互牽制而取得相互平衡的意思。其基本條件，必須是五權權力大致相當，才能真正做到相互牽制平衡。但是，依憲法各有關條文規定看來，五權相互間實際是不平衡的，其中尤以考試權爲最弱。考試權除了掌理考選與銓敘，用以維持全國五權之下各機關的合理用人水準，算是可以牽制其他四院的權力外，別無他權；而倒過來看，所受到其他四院的牽制則非常多。考試院及所屬兩部的全體政務官二十六人中的二十三人（院秘書長及兩部政務次長除外）的任命同意、預算、經費、立法、人員的行事執法、決算等等，都分別受到其他四院的牽制。所以考試院在權力地位上，與其他四院實際是不平衡的。

3. 憲法原第八十三條的涵義

憲法第八十三條的字面涵義有二，一爲「考試院爲國家最高考試機關」，這確立了考試院的地位與性質。二爲所掌理事項爲：「考試、任用、銓敘、考績、級俸、陞遷、保障、褒獎、撫卹、退休、養老等事項。」

就上述第二種涵義，也就是考試院的職掌而言，個人的認識有三：

(1)所列舉的十一種事項，並無附加條件，所以每一事項均爲完整的權力。

(2)權力行使的對象並未限制爲公務人員，而應爲所有任職政府下各部分人員。

(3)憲法條文原本都只是原則性和概括性的規定。當憲法賦予某機關任何一項完整權力時，當然包括有關該權力的：①法制起草，②執行，③爲貫徹此一權力使命所「必需的和適當的」（necessary and proper）手段，以及④監督檢查等四部分在內。

因此，爲確保憲法第八十三條明文列舉的各項權力之實現，以達成使命起見，考試院銓敘部自然必須在全國各機關、學校和公營事業機構內，設置人事行政單位，任用人事行政人員，以協助執行第八十三條所定事項。因爲設置人事行政單位和任用人事行政人員，是一種「必需的與適當的」手段，無待在憲法條文中將此技術性事項贅列，而當然包括在憲法第八十三條涵義之內，成爲考試權之一部分，所以早在民國三十一年就已制定「人事管理條例」施行。其第一條規定：「中央及地方機關之人事管理，除法律另有規定外，由考試院銓敘部依本條例行之。」而其他各條則規定，在各機關、中等以上學校、國省營事業機關，分別設置人事處、室、員（第二、三、九條），其職掌並予專條列舉十二項（第四條），復明文規定人事機構之設置，由銓敘部決定（第七條），人事主管人員由銓敘部任免（第八條），人事人員由銓敘部指揮監督（第六條）。綜上所述，證明人事管理權力依法屬於銓敘部。

而人事管理也就是人事行政。

所以人事行政權力是考試權的一部分。

行政院由於所轄機關及人員眾多，所以特別依憲法臨時條款，設置人事行政局以統籌其所屬人事行政事項。但由於其性質畢竟仍爲考試權下的人事機構之一，所以其最初之組織規程第一條即明文規定：「人事行政局有關考銓業務，並受考試院之指揮、監督。」及至八十二年底公布該局組織條例，其措詞改爲「本局有關考銓業務，並受考試院之監督。」

4. 憲法增修條文第五條涵義與問題

與憲法第八十三條直接有關的憲法增修條文第五條，除仍明文重申「考試院爲國家最高考試機關」外，其有關考試院職權部分，就其已明文表示者而言，下列三點應可確認：

(1)考試、銓敘、保障、撫卹、退休五項權力未變，仍係屬於考試院的完整權力。
(2)任免、考績、級俸、陞遷、褒獎五項權力縮小爲僅限於其法制事項屬於考試院。
(3)養老一項權力刪除。

雖然如此，但在上述三點之中或其背後，卻有若干未定部分。至少下列六個問題應可深入探討。現在先就個人觀點，逐一說明如下：

(1)何謂人事權：增修條文第五條的實質，是在有意變更人事權的歸屬。而一般人士所稱人事權，大致而言，主要係指上述第(2)點所列舉的人員之任免、考績、級俸、陞遷、褒獎五事。

(2)新條款是否削減了考試權：上述五事在憲法原第八十三條中本爲完整之權力，增修條文既加限制爲公務人員，又加限制爲法制事項，亦即排除其他人員與執行權力，當然是削減了權力。然而，重要的是，事實上並未真正削減權力。因爲儘管憲法原未限制人員的範圍，且本係賦予考試院此五事項職掌的完整權力，但考試院卻自始未實際行使此五事項的執行權，且自限於公務人員。其未行使的原因，是有關法律並未依據憲法原意賦予考試院執行權且兼及其他人員。試以任用權爲例，自行憲前以至行憲後至今，任用法律始終明文規定進用人員之權在各機關，銓敘審定人員任用資格權在銓敘部，正式任命人員權在總統；行憲後，仍自限於公務人員範圍。這可以現行「公務人員任用法」第二十四、二十五及二十六條，以及憲法第四十一條證明。任用法第二十四條說：「各機關擬任公務人員，得依職權規定先派代理，於三個月內送請銓敘機關審查；經審查不合格者，應即停止其代理。」第二十五條：「各機關初任簡任各職等職務公務人員，初任薦任公務人員，經銓敘機關審查合格後，呈請總統任命。初任委任公務人員，經銓敘機關審查合格後，由各主管機關任命之。」憲法第四十一條說：「總統依法任免文武官員。」政府自從奠都南京以來，公務員或公務人員任用法律向來就有類此條文，考試院奉行唯謹，至今未改。

至於考績、級俸、陞遷、褒獎四項，與上述任用情形相同，考試院從未有執行權。以上事實證明，經憲法賦予的廣泛對象與完整權力，大部分卻在有關法律中予以刪除，現在將其已經法律予以刪除之此部分，以修憲方式從憲法上亦予以刪除，則在憲法規定上誠爲明文刪除而削減了考試院的權力，但在實際上，其權力狀態並未有絲毫變更。

所以，考試院權力現狀並不因憲法增修條文而有所變更，惟有養老一事之職掌確已完全刪除。

(3)何謂法制事項：增修條文將任免、考績、級俸、陞遷、褒獎等五事，限制爲法制事項。若所謂法制事項果如某些人所作解釋，限指法制與政策，則後果將相當危險，而且更不合事理。試以考績爲例，如果考試院只能起草考績法律送立法院立法，並且可以訂定一些補充規條，以及決定考績政策，而不能有權檢查或核對各機關是否切實遵照法規規定執行考績業務，則其結果，各機關必將各別自行其是，自非其非。偏私的首長可以動輒以一次兩大過將人員免職或以一次兩大功獎勵其私黨；年終考績時，又未嘗不可以對全體人員均予評列丙等或甲等，甚至丁等（目前已經出現過這種怪事），而將考績業務變成政治鬥爭或清算私人恩怨的武器。但却無人有權加以監督、檢查和核正，其後果嚴重，自可想像。

這種事實說明「徒法不足以自行」的真理，而不僅必須要有人公正執行；如執行不公正，更必須要有人檢查監督，法制才能真正有效施行與貫徹。而這個全國統一的檢查監督機關，依據法理，當然就是設計法制的考試院銓敘部。

因此，所謂法制事項，至少應包括：①法制，②政策，與③監督、檢查與審核三部分，但仍不包括執行事項。

而且，如果沒有監督、檢查與審核權力，則所謂「政策」也者，根本就無從有效貫徹。據此，各機關實施任用人員、免職人員、評定人員考績等次、褒獎人員等，均屬執行事項，都應該將案送給起草法制的機關銓敘部，責其依法定標準統一檢查審核其是否適法。

(4)何謂銓敘？依照各種大辭書的解釋，「銓」與權衡輕重的「權」通，也就是權衡人員的資格條件；「敘」與先後次序的「序」通。銓敘二字合併起來，也就是經權衡之後，序列人員品位、等級，以及次序的高低先後。改用現代語言來說，就是拿每一公務人員所實際具有的資格條件，去和人事法律所規定應該具備的資格條件，相互對照，加以審查，來決定每一人員是否符合人事法律的要求，對符合者並決定其高低等次。在任用上，符合規定的人員，就准他任用，並定下他的官等、職等和俸級；不符合的就不准他。像這一過程的工作，只是對各機關已經進用的人員，予以審定資格，並非提議進用何人，我們習慣稱之爲銓敘審查，簡稱爲銓敘。銓敘工作不僅不指派任用人員，而且在考績上，也不考績評定人員，而是由各機關自己評定張三或李四考績爲甲等或乙等。總括言之，銓敘部辦理銓敘工作，只是在事後來檢查一下各機關用人、考績、陞遷、褒獎等事項之執行，是否符合法律的規定，予以准駁，但絕對無權力去更換。所以銓敘工作實質上不過是爲政府用人作一個「品質管制」工作，作一個「篩選分類」工作。就好像生產橘子、楊桃的是各縣各鄉鎮各農家（執行），農會的品質管制單位只不過是鑒別橘子、楊桃的優劣，予以淘汰、選擇、分類、評定等級（銓敘）。

憲法增修條文第五條仍將銓敘權完整授予考試院，並未附加限制；同條另款雖將任用、考績、級俸、陞遷、褒獎五事的執行權自考試權中刪除，但銓敘權則仍然是包括法制與執行的完整權力。考試院應依憲法所賦予的完整銓敘權，切實辦理。

(5)何謂人事行政權：人事行政也就是人事管理，前文已說明，是銓敘權力所「必需的和適當的」手段或工具權力。

(6)何謂剩餘權：八十一年冬天，出現了一種說法，說是凡屬憲法有關條文未明文列舉屬於考試權者，都屬於行政權云云。這說法顯然過於情緒、誇張和武斷，令人難以接受。我們如果仿照這種說法，說凡是憲法未明文列舉屬於立法院、司法院、監察院的權力，便都屬於行政院云云，是不是合理而也能使人接受呢？我個人認爲是毫無根據而且不合理的。美國憲法修正案規定，凡未列舉授予聯邦的權力，都屬於各州或州民。我國有那一條憲法作此規定屬於行政院呢？因此，剩餘權的說法，似可不必深入討論。

5. 結論

綜合上述種種分析，應可做成結論，憲法增修條文第五條有關考試院職權部分的主要涵義如下：

(1)考試權仍為憲法所明定國家五個最高、獨立、與平行權力之一。

(2)考試院所掌理的事項中，考試、銓敘、保障、撫卹、退休五項職掌，仍被賦予包括法制、政策與執行的完整權力。

(3)考試院所掌理的事項中，任免、考績、級俸、陞遷、褒獎五項之法制事項屬於考試權，五項之執行事項不屬於考試權。但是，由於憲法增修條文未制定之前，各該有關人事法律原即從未賦予考試院對此五事項之執行權，考試院實際亦從未運作此五事項之執行權；所以就憲法規定而言，誠然削減了權力，但事實上只不過是維持多年來法律規定下的存在現狀，使原僅由法律規定，進一步成為憲法規定而已。

(4)人事行政權為運作考試權和貫徹考試權所「必需的和適當的」工具，所以各院和各級政府機關的人事行政工作，都應依「人事管理條例」規定，受考試院的指揮監督。

(5)基於考試院仍為國家最高考試機關的概括規定，舉凡憲法所未明文列舉屬於考試院的權力，若其性質顯然爲考試權之部分者，或爲執行考試權所「必需的和適當的」工具者，自應屬於考試院。

(6)銓敍權爲銓敍部依據憲法及人事法律規定，對公務人員任用、考績、級俸、陞遷、褒獎等事項所需資格條件之審定權。

(7)考試院所享有任免、考績、級俸、陞遷、褒獎之法制權，包括：①法制，②政策，以及③監督、檢查與審核、以確保各機關確實依法執行法制規定。

(8)養老一事之權力，整體已刪除不屬於考試院權力。

(9)原憲法第八十三條賦予考試院職掌，並未限制其對象；憲法增修條文將所列舉之十項中九項職掌，限以公務人員爲對象。但由於上述(3)同一理由，故實際上並未削減考試院權力。

(10)爲期發揮五權相互制衡作用，考試權應予充實。

(五) 半世紀來我國人事制度中之重要爭論

依據我憲法所定之五權政治制度，考試院爲我國人事最高機關。因此，舉凡人事問題，當然均與考試院之職掌及權責有關。凡有關於人事事項的爭論，亦即對考試院或其職掌之爭論。

考試院自民國十八年成立之時起，似即多災多難，備受挑戰。來臺以後，情況不僅未有改善，且變本加厲，爭論更多。而關於若干人事管理上之措施，不僅各方意見紛紜，且人事行政界內部亦爭執不已。諸此情形，各有其階段性之環境原因，以及主事者本身之原因存在。在諸此爭論中，有爲純理論之爭論，有爲個人觀點之爭論，有爲涉及權力之爭論，有爲權利之爭論，不一而足。甚至若干事項，在憲法上或法律上已有明文規定者，竟仍各持己見。究其基本原因，不少課題，似仍發源於國人對五權制度之觀念，尚待溝通；五權制度在憲法上之具體設計，亦有待改善。

現就個人自民國六十一年起至八十三年止任職考試院二十餘年期間，所曾過手、接觸、聽聞與閱讀文件所知，試行歸納自中央政府遷臺以來以至於今之重要爭論課題，予以扼要舉述，在此作一紀錄。雖未必周全，但先有一初稿在此，至少勝於尚無任何系統性之紀錄，俾關心者在完全缺乏狀況下，勉強有一初步參考資料，藉獲一概括了解，相信仍有助益；何況以後尚可俟機補充。在諸此課題之中，有部分已獲解決；有部分則似已暫時延擱；其餘則仍在發展進行之中。至於對每一課題之較詳說明，擬視機另爲之。

1.基本上，考試院究竟應否有如現行憲法所規定，成爲國家五個最高治權之一之必要？五權憲法究竟是否適宜？或應採三權憲法？

2.憲法增修條文第五條稱：「公務人員任免、考績、級俸、陞遷、褒獎之法制事項。」其中所稱之「法制事項」，其確切涵義爲何？

3.政府各種性質機關之工作人員，是否應均在考試權管轄範圍之內？例如教育人員、公營事業人員、政務官等，是否應均在其管轄範圍內？

4.地方公務員，是否應另定地方公務員法律予以分別管理？

5.行政院人事行政局之設置，有無必要？是否符合五權制度精神？

6.前行政院人事行政局組織規程內所稱之「應受考試院之指揮監督」，及現行該局組織條例所稱「應受考試院監督」，其中監督一詞，應如何解釋並予具體執行？

7.政府各種性質機關、以及學校、公營事業等，所有工作人員，是否應統一適用相同一套人事制度？

8.公務人員究應採用何種人事制度爲宜？例如：究以簡薦委制度、職位分類制度、或其他制度爲宜？

9.考試院之職掌，應否：(1)限於其有關事項之法制事項？(2)抑或僅對其中部分項目限於法制事項，有如憲法現行增修條文所規定情形？(3)抑或應統一集中事權，均由考試院掌理，有如憲法第八十三條原所規定之情形？

10.是否全國各級機關、公立學校、公營事業之人事機構及人事人員，均應由銓敘部予以統一設置、任用？並採一條鞭方式，統一管理及實施指揮監督？

11.政府所有工作人員，是否均應考試及格之後始可任用？

12.中央政府今日雖然暫時在臺，但辦理國家考試，是否仍應實施分區定額，以有助我疆域遼闊多民族大國團結之政治目的，並保障落後及特殊省區之人才出頭？

13.常任文官如予以區分爲高、中、初三個等級，則是否應分別舉辦此三個等級之考試，以便各該等級均可自文官系統之外進用新人員？或僅應辦理中、初級人員之考試？此涉及人事理論上「學識與經驗孰重」之討論，以及「內陞與外補孰重」之討論，以及各其實際執行問題。

14.公務人員考試之性質，究應爲資格考試，抑或爲任用考試？抑或可採混合式考試？

15.憲法規定，國家考試應以公開競爭方式行之。所稱「公開」一詞，應如何確切解釋？例如多年來舉辦之若干特種考試，限制僅得由某某部分人員報名應試，是否亦得認爲係屬公開競爭之考試？

16.在政府人事政策上，通才與專才孰重？此涉及人員之相互流通及調任之可能性，以及其調任流通之範圍等實際權利問題。亦涉及現行有關法規之當否問題。

17.全國各種專技人員，是否均應由考試院辦理考試以定其執業資格？抑或應僅以某種範圍以內之專技人員爲限？

18.犯刑法內亂罪或外犯罪者，是否得應公務員考試並任公職？

19.考試制度中之檢覈制度有無存在之必要？如有必要，其價值與考試是否得相同？

20.特種考試與高普考試採取不同之錄取標準，但及格取錄後，亦依法分別取得與高普考試及格者同等之任用資格。在此情形之下，特種考試是否仍有存在之必要？或應予改進？

21.公務員與國家之間，究係特別權力關係？契約關係？公法關係？抑或其他關係？

22.公務人員之職務列等，現除司、處、科長之職等，係全國劃一外，其他各職位則多係依「公務人員任用法」規定，先按自中央以至地方之機關層級原則，斟酌列等；而將職責程度原則列爲次要考慮。此種層級觀念，原係我單一國家數千年來之傳統，亦係鞏固中央所採取之必要措施。但如今地方機關似有不同看法，應如何妥愼處理爲宜？

23.應否准許專門職業及技術人員考試及格人員轉入行政機關任職？

24.軍人得依特別法律規定，經國家考試及格或經檢覈及格以轉任公務人員。此事是否妥適？

25.經委任等級考試及格人員，進入政府工作後，是否即可僅憑考績與年資晉陞，直至簡任，而中間無需再經任何考試？或必需如現行法律所定，應在委任晉陞薦任之間，有一必須考試之關卡？

26.公務人員俸給大概每年均有所調整。此種調整權，究應由掌管中央政府財政權之行政院掌理，抑或仍應由人事業務最高機關之考試院掌理？或應由總統府掌理？

27.公務人員俸給制度，究應依按値計酬原理，使最高俸級與最低俸級兩者間之差距較大爲合理？抑或應本乎所稱「不患寡而患不均」原則，使兩者間差距較小如現況爲合理？

28.爲防寬濫，考績列甲等之人數，應否有名額比率限制？又，考績獎金制度應予維持以勵士氣，抑或應予取消？

29.政府機關技術人員之任用，是否應另予考慮而爲之訂定從嚴或從寬之特別任用法律？

30.退休與撫卹之現金給與，究應採西方重商主義年金制式之由公務人員與政府分擔儲存？抑應採東方文化傳統之恩給制，仍由政府循原有辦法逐年列入預算全力支應爲宜？

31.我國現階段應否仿傚英、美國家，實施公務機關週休二天制度？

32.政府各部門人才，究竟應依專才專業原則而規定特考特用，禁止流通爲宜？抑或應本培養通才及互濟盈虛之旨，准予互轉互調？

(六) 考試院三次大換血

考試院歷屆考試委員於法定任期期滿更新之時，自第二屆開始，大多保留合理數目之原任考試委員使之連任。但最近二十餘年來，我國各方面進步迅速，轉變亦最快。此種情形，亦反映在考試院人事更新上。而最顯著者，莫如第六、七、八等三屆院會成員之變更。

考試院會議之成員包括法定出列席人員。依考試院組織法規定，出席者爲院長、副院長、全體十九名考試委員；考銓兩部部長，以及新成立之公務人員保障暨培訓委員會主任委員；列席者爲秘書長、副秘書長、所屬兩部次長，以及上述委員會之副主任委員。其他視議案需要，隨同與會之組長、司長、主任秘書、參事、主任等人，以及議事工作人員，則爲非法定之旁聽人員或工作人員。

第六屆開始於六十七年九月一日。新任院長劉季洪，副院長張宗良。考試委員十九人中，有張光亞、賈馥茗、盧衍祺、金祖年、張則堯、馬漢寶等六人爲連任，居總數三分之一弱。餘三分之二均新任。秘書長亦爲新任，先爲曹翼遠，後爲劉先雲，任期約各三年。考選部部長延至六十八年更換爲唐振楚，銓敘部部長則已於六十六年先行更替爲鄧傳楷。

第七屆開始於七十三年九月一日。新任院長孔德成，副院長林金生。考試委員十九人中，留任者僅盧衍祺、李世勳、賈馥茗、傅肅良四人。較上屆留任者更少。餘皆新任。秘書長亦更易爲王曾才。新任考選部部長瞿韶華，銓敘部部長陳桂華。當時韓國總統爲全斗煥，且大名常見於報端。有某考試委員戲稱，考試院院會成員此種大量換人之情形爲「全斗煥」，意謂全院院會人員幾乎「全都換」新也。

第八屆開始於七十九年九月一日。院長與副院長均連任。考試委員繼續留任者爲陳水逢、于惠中、耿雲卿、王執明、譚天錫等五人。兩部部長中，考選部長爲新任，銓敘部長仍舊。至八十二年四月，孔、林二位正副院長均請辭，新任院長邱創煥及副院長毛高文到任。八十三年九月，銓敘部長陳桂華離職，關中繼任部長。

以上所述人員，均係考試院院會之法定出席成員。筆者自民國六十一年九月一日亦即第五屆開始之日到考試院任銓敘部常務次長，並連續任考、銓兩部之常務、政務次長二十二年，依法列席每週四之考試院院會，親見每屆院會成員更新之初，院會面貌固煥然一新，但討論問題時，則彼此觀念，南轅北轍，常多分歧。幾乎每居均需經過約年餘時間後，始能建立基本共識，影響議事效率者至多。因此，不禁每每想起美國國會參議院制度，參議員任期均爲六年，但每二年改選總額一百名中三分之一。如此巡迴不絕，院會常有至少三分之二舊人在座，院會之習慣與傳統，得以薪傳不斷；而人員更新之目的，仍完全達成。極可供我國參考。

（七）考試監察兩院關係密切

在西方政治思想史中，二權學說、三權學說、四權學說均有之。及至國父中山先生出，始有五權學說，確如國父所自稱，乃一極有價值之大發明。國人習政治學或憲法者，所讀均係西方此方面學者著作，內容所述亦均係西方學者之學說及觀點，因而腦際充滿西方思想，沈浸其中，爲時漸久，竟忘治學所應保持之客觀博識態度，而認爲五權憲法，既爲西方之所無，遂以爲怪。近年猶聞有學者大言不慚謂：五權之說，爲舉世各國之所無，唯獨我國有之，故其爲不可取，應廢考試、監察二權爲是云。實則兩權是否可廢，絕非不可客觀討論，但若僅係因他國所無，遂以此爲理由，主張予以廢除，則似有違學人應有之客觀與理智立場，而涉及意氣與偏見。

三權與五權究竟有何不同，非此處所能分析盡述。但先總統蔣公有一言頗爲簡明精要：三權與五權之不同，在五權多了考試與監察兩權。若此兩權功能不彰，則非五權制度。

由於考試與監察兩院所處境況相同，尤其依增修前之憲法規定，考試院院長、副院長及考試委員，均應經監察院同意後，始由總統任命。故兩院相互之間，自行憲以來，關係特別密切。其所表現在外之最明顯線索，爲兩院人事之交流。修憲以前之監察委員因係民選，故考試院方面人員自不能轉任監察委員，而由監察院委員或職員轉任考試委員者，則自第二居開始，歷居均有之。最早爲監察委員楊亮功及專門委員陸錫光二位，同於四十三年九月轉任第二居考試委員。其中楊委員亮功，連任至五十七年二月晉任副院長，後更於六十二年十月晉任院長，以迄六十七年八月任期居滿離職，任職考試院前後共二十四年。陸錫光則連任至六十七年八月底任期居滿離職止，任職考試院亦二十四年。另有監察院之參事、專門委員等轉任考試委員者，先後計有：第三居轉任之劉象山，自四十九年九月起，連任至七十三年九月底止，爲期共二十四年；第五居轉任之張光亞，自六十一年起，至七十三年八月底止，爲期共十二年；第六居轉任之李世勳，自六十七年九月起，至七十九年八月底止，爲期共十二年；第七居轉任之姚蒸民，自七十三年九月起，至七十九年八月底止，爲時共六年；第八居轉任之張定成，自七十九年九月起，至筆者寫此文時止尚在任。

如按每居委員中之來自監察院者計算，第二居有楊亮功與陸錫光二位；第三居與第二居同爲楊、陸二位連任；第四居有楊亮功、陸錫光及劉象山三位；第五居有楊亮功（副院長）、陸錫光與張光亞三位；第六居有張光亞與李世勳二位；第七居有李世勳與姚蒸民二位；第八居有張定成一位。總計自第二居起，至第八居止，七居期間，共有八位先生十五人次係來自監察院，對考政貢獻良多；於兩院關係之促進，尤至爲顯著。

四、簡薦委制度及職位分類制度沿革

（一）簡薦委制度來由

臺灣人事行政界及人事行政學界，近二十年來，對人事制度常有爭議，因爭議而時有涉及簡薦委制度。部分人士言，簡薦委制度創始於民國十八年國民政府奠都南京之時云。表面視之，似爲無誤，實則不然。

簡薦委制度係民國元年國父任臨時大總統期間制定公布施行。民國元年元月三十日出版之「臨時政府公報」所載「臨時政府中央行政各部及其權限」此一法規規定：民國官吏品位，區分爲特任官、簡任官、薦任官、委任官四種。其中特任官不分等，簡任官分兩等，薦任官分三等，委任官分四等。故除特任官爲政務官外，其餘簡任官、薦任官、委任官三種常任文官，共分九等，與九品之數恰同，似仍未忘九品。

當時何以採簡、薦、委此三用詞？個人尚未追究直接有關資料以供查考判斷。惟經尋思，似與清末之人事制度改革亦有關，又與其時具有新思想之士大夫多爲留學日本有關。

我國自魏文帝採九品中正制度，至隋煬帝而改行科舉。九品中正之制雖廢，但官分九品之例，則沿襲未變，以迄清末。光緒時，怵於革命勢力動盪，不得不勉爲採行若干改革。措施之一，爲於民前一年（一九一一年）頒行「內閣屬官官制」及「內閣辦事暫行章程」，其內容已廢九品，另定官等爲特旨簡放、記名請簡、奏補與咨補四個品位。稱「簡」者，帝王「揀」選之意。稱特旨簡放者，表示帝王主動自行揀選人員而降旨予以任命之意。稱記名請簡者，臣屬代爲擇取人員，列舉其名，呈請帝王予以揀選任命之意。稱奏補者，臣屬奏薦以某人補某職務缺，有如現今所稱報請核定予以任用之意。稱咨補者，由依法被授權用人者，選定人員，咨請人事機關予以補缺任用之意。故諸此用語，均爲我國有關人員任用程序之公務用語，並分別表示其程序上份量高低不等之隆重程度，以區別顯示各該官職之重要程度。

至於何以定爲四個官品？亦未發現有關資料可供引述。惟參考世界非職位分類國家之官品等級，如英、法、德等國，大抵均爲四或五之數。個人認爲，九品之數，誠然或爲稍多；而官品之高低，分爲上中下三等，殆爲常態。惟爲對特殊重要之官員表示崇隆起見，特加設一最高品位於其上，亦頗適當，遂成四等。此外，個人所持之另一理由則爲，日本在二次世界大戰前之官制，係區分爲親任、敕任、奏任、判任四個品位。其中除親任爲特任政務官外，餘皆爲事務官。其用語不僅亦均爲表示任命程序，且各該詞之涵義，亦與我國之特、簡、薦、委類似。是故中日兩者之間，有無參考比照之處，有待進一步查證。

我國簡薦委制度施行數十年，除其不甚重視專才專業精神，應稍加改進，俾可適應社會變遷之需要外，似難指責有何重大缺失。

簡薦委制度原無名稱。及至引進美國職位分類制度後，爲便利稱謂，以資區別起見，初僅姑且稱之，後則約定俗成，始予以定名爲簡薦委制度，亦即用其常任文官之簡薦委三個官等爲名。實則其名並非法定，初始於事實需要而隨口稱之，久之遂見之於公文書，漸成定名。實應稱爲特簡薦委制較當。

簡薦委制度初創於民國元年元月三十日，廢止於民國七十六年元月十六日，其期間爲七十五年欠十五天。

(二) 職位分類制度始末及其困難

職位分類制度創始於美國，究其淵源，頗爲久遠。華盛頓於一七八九年就任第一屆總統時，美國疆域尚僅有東部十三州。其後約一百年間，全國尚在不斷向西部開拓之過程中，絕不能稱之爲工業化社會也。在此期間，政府亦未建立合理之公務人事制度。在兩黨交替執政之政治制度下，民主黨上臺，則將原共和黨所有大小官員，一律予以更換，易以本黨人員；反之，共和黨上臺亦然。且對人員之等級與俸給等端，亦乏統一公平處理之規定。學者對此種情形，稱之爲「分贓制度」。在此分贓制度之下，最明顯缺點之一爲同工不同酬現象，而以書記級人員最爲嚴重。於是書記羣乃先後於一八三六年、一八三七年、一八三八年，以及以後若干年，不斷向國會提出書面請求，要求制定法律，予以改善。此種請求，持續至十九世紀末猶在進行中，但迄未獲解決。

上述過程，至少說明兩項事實：1.同工不同酬現象，爲尋求公平人事制度之最初動機。2.但卻始終苦無善策解決之。

何以無善策？質言之，所要求之同工同酬，固然合理，但在技術上，同酬易爲，同工則甚難確切認定。不同性質之工作，固不易比較其工作數量與難易；縱爲同性質之工作，例如比肩而坐之兩位打字員，表面視之，兩人皆爲打字員，同樣每日工作八小時，但究諸實際，兩人工作亦難確切認定爲相同。因其一係打中文，另一則係打西文，難以比較相互間之難易。似此尚係最簡單之舉例，實際情形，較此複雜多多。因有此技術上之實際困難，故書記們之要求，迄仍無法解決。

及至泰勒等人於一八九五年前後，發明「時間研究」及「動作研究」等技術，工作分析及工作評價始有可能。無論性質相同或不同之工作，均有使之確能相互比較之科學方法可資運用。於是，職位分類乃得於一九一一年誕生。

上述又一段過程，說明另兩件事實：1.職位分類之創造與構成，其技術源自企業管理，故與工商業社會之激烈競爭，需要加強管理，以降低生產成本，確有直接關係。2.與科學管理有關。職位分類之名稱，甚爲恰當明確，乃係對「職位」之分類，而非對「職員」之分類。而所謂對職位之分類，乃係對職位上之工作予以分類。而所謂「工作」，主要乃係採取工作之「性質」與「責任」兩者從事分類，並分別依此兩者，製成「職系」與「職等」，職系與職等交叉而構成許多「職級」，如此以構成職位分類繁細嚴密之整個結構。筆者認爲職位分類可描寫爲：「一個中心二條根。」一個中心指以工作爲中心，二條根指職系與職等。

職位分類之優點，完全表現在其靜態之基本結構上：1.客觀：以事爲標準，而不以人爲標準。2.科學化：用科學方法製成職系、職等與職級，以爲整個結構之基本。3.嚴密：職等、職系交叉後，所構成之一千多個職級，密如蜂房，又如鴿籠。4.現代化：符合現代分工細密之社會實況。凡此種種，均充分表現其特色：結構細密嚴整，體系分明，類別井然，相互有別，不容絲毫混淆。

但至爲令人驚奇者，以上所述其靜態結構上之種種優點，於據以從事動態運作時，竟完全轉變爲其缺點。因爲依其據科學化理論所制成之上述嚴密框架，及有關運作之規定，當人員旁調他一職系，或陞遷高一職等時，均必需考試，以測定證明此一人員在此方面之能力。此看來確實合理且科學；但人員動輒必需參加考試，執行時則有重大實際困難。因而令長官與屬員，均備感窒礙難以通行。細思此種缺失，似可分析其內含之實質意義如下：1.剝奪機關長官向所享有之人員任使權力。2.剝奪人員向所享有依憑功績陞調之利。而其背後所用以支持之理論觀點則為：3.不重視經驗，而重視學識。4.不授權首長，而將此權力收歸於制度。5.將人員視同物體之可以隨意放置，有違人性。由於上述五項致命之傷，故其最後在我國遂終遭失敗，而被廢棄。至今舉世採行之國家寥寥可數，且採行亦不成功。故停滯而不再有何推廣。至於美國之實行情形，亦非成功，學者對職位分類制度多有指責。其所以尚未徹底予以廢棄此一制度者，在於尚未發明一種更優良之制度以前，有此制度，畢竟勝於以前之分贓制度或無制度。

美國在採行職位分類之前，原有之人事制度不甚周全，且又遭遇同工不同酬之訴求，幾近百年不得解決。故自一九一一年芝加哥市初次採用職位分類制度後，其他若干州、郡、市，在尚無其他更佳制度可供選擇情形之下，既見其結構如此科學化，遂追隨倣效以行之。聯邦政府亦於一九二三年採行。筆者於一九六四年訪問美國聯邦政府及各州政府，所見各州之採行職位分類者，不及其半。迄至民國五十八年，一九六九年，我國採行職位分類時止，全世界之採行此制度者，亦僅有美、加、菲、瓜，及我國而已。日本雖因受盟國佔領軍總部影響，曾積極推動，但事實上遲遲未行。又筆者於一九五八年訪韓，詳詢其推行職位分類進展情形，承贈其已完成之全套職級規範，甚至亦已作成各種必要之準備，但實際亦未施行。稍感意外者，筆者多年前訪問泰國，無意間發現，泰國竟已採行。斯時我國已行將放棄此一制度矣。民國七十六年元月十六日，我國實施兩制合一之官職併立新人事制度，並同日明令廢止職位分類制度及簡薦委制度各種有關法規，職位分類制度在我國遂告結束。回溯其自五十八年最初實施，至此共歷時十八年，較同年月日廢止之簡薦委制度歷時七十六年，壽命長短，相去遠甚。

（三）職位分類制度擱置十一年始付實施

我政府來臺後，因政治環境較爲安定，乃得以規劃職位分類制度之施行。但其中有一疑團，迄今猶不得確切解答。

民國四十五年，考試院職位分類計畫委員會如期結束。奉總統指示，於民國四十六年二月在銓敘部設職位分類司以接替其工作。四十七年十月，總統公布「公務職位分類法」，並完成各項有關規章辦法等準備工作。但從此以後，拖延至五十七年，且係在總統催促下，修正該法及各有關法規，始於四十八年將該一制度付之實施。其中自四十七年以至五十八年，前後形同擱置者，爲期長達十一年，究係何故？無從查證。

筆者於四十四、五年間集中時間研究職位分類制度時，曾注意此事。當時遍詢有關人士，不得答案。民國六十一年九月，至銓敘部任常務次長，再詢考試院及銓敘部各有關人士，仍未獲任何具體解答，雖調閱案卷亦無可稽。久之始偶有人於不經意間，以模糊簡略之語告以：「是否院部人士早已有所見及也？」

當時政治環境，爲今日大家稱之爲威權政治時代，全國軍民對國家政策以及領導人，均至爲尊重，而罕有直率之批評。故對於職位分類制度於尚未實施前，在職者人人不願評論。是否因已預見及其可能之流弊，故即以拖延方式以擱置之，無從予以證明。

（四）技術人員任用滄桑史

我國對技術人員之任用，自始即特別重視，故另行制定特別之任用法律以規範之。半個多世紀以來，其實況頗有演變。玆述其概略於此，以備參考。

北伐成功，國民政府奠都南京，於民國十八年十月二十九日公布「公務員任用條例」。但格於當時實際情形，該條例竟不能行，而終未獲實施。嗣於二十二年三月，乃另行頒布「公務員任用法」施行。依該法規定，公務員之任用，並非必需具有考試及格之資格，僅規定薦任與委任人員應以考試及格人員儘先任用，亦即並非必需考試及格始得任用，至於簡任人員，更無論矣。亦均無所謂任用應受職務性質類別限制之規定。此在當時實際情況之下，誠屬當然之事。

但政府有鑒於技術人員之任用，關係國家建設與進步者至大。故於民國二十四年十一月十八日，另頒「技術人員任用條例」。任用資格，按簡薦委三個官等，予以分別規定，並與公務人員之任用相同，亦非必需考試及格始可任用。嗣又於二十五年十月三十日，公布該條例之施行細則，明確規定：「技術人員之學經歷，應與擬任技術職務性質相當；其著作或發明，並應以適合擬任職務者爲限。」此種條文，已較上述「公務人員任用法」無職務性質限制之規定，嚴格多矣。故後人以爲當年之另定「技術人員任用條例」，係爲技術人員另開方便之門云，實屬誤會。

「中華民國憲法」於民國三十六年十二月二十五日施行，第八十五條規定：「公務人員……非經考試及格者，不得任用。」政府爲遵行憲法此一規定，乃於三十八年元旦公布「公務人員任用法」，明文規定以考試及格爲公務人員任用之必要資格。但當時各機關一時不能適應，對此多有意見，紛紛請求暫緩實行。政府來臺後，經考試院先後於三十九年及四十一年，兩度提出修正案，牽延至四十二年九月，始經立法院三讀通過，而遲至四十三年一月九日，始經總統公布施行。由於有此痛苦經驗，更由於「技術人員任用條例」所定，原本已較公務人員任用爲嚴格有如上述，故考試院對「技術人員任用條例」遂未提出修正草案，俾仍可不必考試用人，以便利行政機關。

久而久之，各機關發現，「公務人員任用法」中所定必需考試及格始得任用之規定，考試院確在認真執行；而技術人員之任用，則仍可不必考試及格，實爲一大方便之門。既發現有此顛倒乾坤，難易易位之奇異變化，於是，各機關乃逐漸設法使人員能適用「技術人員任用條例」，以逃避考試。

嗣政府於五十八年採行職位分類制度，對公務人員任用資格之規定，尤爲嚴格；但對技術人員之任用，仍適用無需考試及格任用之「技術人員任用條例」。於是，各機關遂千方百計，將其機關中之職位，請求認定爲技術職位。筆者自民國七十三年起，任銓敘部政務次長，兼任部內「銓敘審查委員會」主席；自常務次長以下，科長以上之部内各單位主管及簡任人員數十人，皆爲該會委員，每週會議二次。而有關要求將非技術職位改設爲技術職位之討論案，常在百分之五十左右。會中常爲此種案件爭論不休，不乏荒唐可笑故事。猶憶某機關，請求將其電訊收發報職務列爲技術職務。細究後，發現係欲任用一中國文學系畢業生，未經國家考試及格，不具公務人員任用資格者，因而請求以技術人員任用。所持理由則爲，中文電訊收發報爲一專門技術，而此一專門技術所拍發之電報文字爲中文，故必需由中文系畢業生任職爲妥云。照此奇異推論，則中文及西文打字員亦早應列爲技術人員任用，且其他應列爲技術人員者更不知凡幾。尤其可笑者，爲必需以中文系畢業生始可任用於此一技術職位之上，豈非天下奇談？

依據統計，在民國八十年新「技術人員任用條例」公布施行之前，全國行政機關中，經認定爲技術職位者，已高居行政機關人員總數約百分之二十五，實堪驚人。而道路傳言，由於技術人員無需考試即可任用，故有若干風氣敗壞之情事。有人告發某一官吏以五萬元代價鬻一委任級技術人員職務，以致涉案而糾纏數年，且經判刑，載諸報端，足爲佐證。

此一條例，自民國二十四年公布施行以來，迄民國八十年新條例發布前，爲時五十六年，逾半個世紀之久，竟從未有一字之修正，其故何在？猶憶筆者於民國六十一年，初至銓敘部任職，前往立法院作禮貌拜訪，有立委即告：希望促成修正此一不符合憲法考試用人規定之「技術人員任用條例」。但事實上，行政機關爲便利進用技術人員起見，甚不贊成修法。因可以預見之事實爲：如有任何內容修正草案送立法院，立法院必將考試用人條文加入其中。

七十三年春，行政院函送「科技人員任用條例」草案一種，建議到考試院，經院發交銓敘部研議。牽延半年，至是年秋，始移交筆者主持一專案小組，研討半年有餘，爭論橫生。經擬案報考試院後，由副院長主持全院委員會審查，仍爭執不已。爲時逾年，始對報呈之原案多所修改，另定法案名稱爲：「技術人員任用條例」草案，並建議廢止原「技術人員任用條例」。案至立法院後，亦爭執不休。法制委員會遂將之擱置，一拖多年。至八十年十一月，經考試院筆者等從事多方協調後，始完成三讀程序，咨請總統於是年十一月一日公布施行。回顧七十三年行政院所送之原草案，本係希望在原「技術人員任用條例」之外，另訂一更爲便利之法律，以便任用高級科技人員，希望不僅無需考試用人，且更訂有其他許多原「技術人員任用條例」所未有之便利與優待。孰知最後發展結果，竟至原可免除考試之規定，亦遭廢除。

新條例雖已明定技術人員任用，應經考試，但仍開創若干特例，而爲我國前所未有者如下：(一)曾在國內外民營機構任職之年資，得用爲公務職務之應考資格，並可採計提敘俸級。(二)技術人員之考試得採較公務人員便利之方式辦理。(三)由於醫護人員近年不斷向各方陳情，本條例於八十三年為之增列規定，檢覈及格之醫護人員，亦可轉為公務技術人員合格任用。

依上所述，技術人員之任用，自始至今，與公務人員有所不同。由難變易，亦稱奇哉！

(五)「專門委員」職稱之由來

現今行政機關中，有「專門委員」之職稱。自始至今，均定為簡任官，自係高級人員。當實施簡薦委任制度時期，其職務列簡任最低之九級以至簡任最高之一級，跨滿整個簡任官等之全部俸級，情形稀有，至為特殊。在行政機關中，似此並非僅需偶爾出席會議即可回家之實任職務，而係如同科員之必須每日坐辦公桌八小時之職員，竟亦稱之為「委員」，亦不無令人有特別之感。

此事確屬特別，且有其特殊之經過。

訓政時期之立法委員並非民選之民意代表，而係由總統任命之特任官，為良心、正義、智慧與法學專業知識之化身。總員額起始僅三、四十人，最初雖亦有任期與居次之規定，但並未切實執行。其人選均屬法界飽學且深負重望之士。現行之民法、刑法等等重要法律，以及有名之五五憲草，均係北伐成功，國民政府奠都南京後，由此數十位立法委員起草與詳加研議後之心血結晶。

行憲後，立法委員實行民選，絕大部分原立法委員均未參加競選，或縱有極少數雖參加競爭，但未盡當選。於是，有部分委員轉就他業，另部分委員則退休，但亦有少數委員仍樂於留院獻身立法工作。所難者，既未經當選，自不得爲委員；擔任普通職員又顯有委曲而不便。苦思之下，遂新創「專門委員」之職稱，在院內每一委員會設一此職務，以便借重。其地位列於各委員會主任秘書之前，專司各該委員會所主審法案之事先研究擬辦工作，俾借重其專業知識與經驗。此一職稱，其所以定爲專門委員者，猶言立法委員固爲委員，我亦同爲委員；彼等爲立法之委員，但我因有立法專門學識與技能，故稱專門委員，亦甚崇高。此職稱，立法院沿用至今未改，在各委員會仍列於各該主任秘書之前。請查閱其職員錄即知。

立法院有此職稱，得以解決其困難問題。監察院自訓政進入憲政之初，情形與此相同，當然比照辦理。嗣後，其他一般行政機關因亦有網羅高級人才之需要，又苦無適當職位可予安置；遂亦援引立法院例，設專門委員職務。初尚僅限於中央部會，後始蔓延至部會以下機關亦有設置。

五、論我國政務官制度

(一) 應建立完整政務官制度

1.政務官定義：我國官制中之政務官，法無定義。若就數十年來運作結果所表現之實況而論，我國政務官之定義似可暫作如下之陳述：所稱政務官者，乃係個別負責或共同負責決定政策，並監督政策施行；且對於政策施行之後果，負成敗責任之政府高級工作人員。其兼任機關首長者，並負其監督指揮機關執行得失之責。

2.政務官等級：我國之政務官，依現今實況而言，雖未明定等級，但在職權層級上，亦有等級。在中央政府部分，其狀況如下：⑴五院院長級。⑵五院副院長級。⑶部長級。⑷政務次長級。⑸部級委員會內法定為政務官之委員級（例如公平交易委員會委員）。以上共計五級。其他如委員會內法定為政務官之副委員長或副主任委員，屬於政務次長級；法定與部會平行之局、處、署首長，屬於部長級；行政、司法、考試、監察四院院級委員或大法官，屬於部長級。

至於總統府、國民大會、五院，以至於部級委員會，均有秘書長與副秘書長之設置，目前在現行「政務官退職酬勞金給與條例」中均列爲政務官。個人認爲，將秘書長與副秘書長列爲政務官應屬一種錯誤。因爲秘書長之職務性質，係機關之幕僚長。其責任爲接受本機關首長之政策，並秉承本機關首長之命，統領本機關全體屬員共同貫徹執行本機關首長之政策。故其並非決定或參與決定政策之官員。但有人謂：事實上，秘書長常預擬政策初案，以供首長採擇，故其已參與政策之制定云。此種說法，似是而非。依我國機關行政程序，在實際作業過程中，公務之處理，包括政策之擬議，常自科員開始。大部分文件均由科員起草，而後層層上行，歷經科長、司長、常務次長，最後始到達首長之手。在此過程中之每一人，均參與其事。則是否因此即可認爲諸此人等均爲政務官？其答案顯然爲非。因諸此人等之參與，只是資料與意見之提供，決非共同負責決定政策，秘書長與副秘書長亦同。故秘書長等應列爲事務官，始爲正辦。

3.**行政機關公務員分類**：我國行政機關公務員之分類，如依其品位及職務性質兩個因素分別分類，則分類後之相互關係似應如圖五—一。該圖並顯示政務官在整個官僚結構中之定位。

4.**政務官責任**：常言政務官應負其責任，則所謂責任，究竟爲何？按政務官應有至少五種責任：一爲民事責任。二爲刑事責任。三爲法律責任。四爲政策責任。五爲行政責任。其中民事與刑事責任，係在其所從事之公務活動中，個人行爲有涉及民事或刑事時，所應負之責任。所謂法律責任，即其履行法律所規定其所應爲之行爲、措施與手續，使其發生法律效力。其對此種作爲

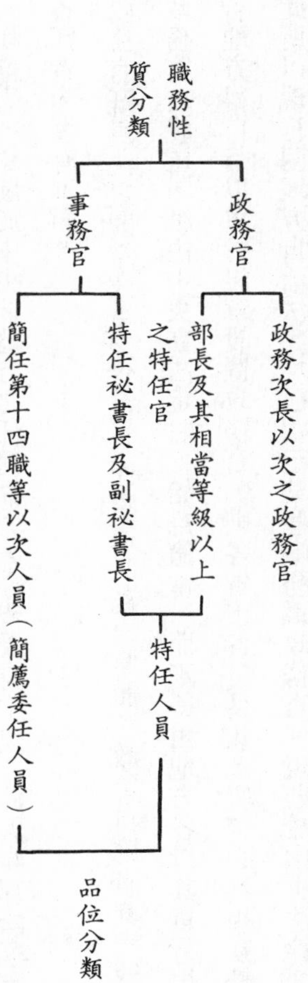

圖五—一：我國行政機關公務員分類圖

之後果，在法律上所應負之責任。所謂行政責任，乃依據行政法規所應負之責任。例如「公務員服務法」，或為行政機關首長在機關管理上所發生之行政責任。以上四種責任，事務官亦同樣有之，但政務官並不因其為政務官即可免除諸此責任。至於政策責任，亦即政策責任，則為政務官所特有應負之責任。一般所言政務官責任，主要指政策責任。

政策責任，係就政策之成敗得失而論，不因其不違背任何法律規定，即可免除其政策成敗得失之責。在民主政治制度中，政策成敗得失之評論，常見之於民意及輿論。但除原係選舉產生之官員，應仍經選舉程序由選民決定其責任及負責之方式外，其餘非經選舉產生之官吏，則應仍由其上級機關或法定有權之機關決定其成敗得失責任及負責之方式。

政務官如何負其政策責任，亦即所應採取之負責方式為何，當視其成敗得失事項之大小輕重而定之。例如：調動職務、降調職務、或免除職務。在政策責任中，最嚴重之處分方式，以免除職務為限。對一政治人物而言，剝奪其政治生命，較之剝奪其生理生命更為嚴重。但如因其政策失當，而引起輕重不等之災禍且涉及刑責時，應另依刑事程序辦理。

學者常言政務官之主要責任為政治責任。此一名詞常涉及政黨。但政務官應隨政黨進退之理由，仍因不同政黨有不同政策，故言政策責任較為具體。

5. 政務官應以法律設置：依據憲法規定，我國應實行地方自治，由中央訂定省縣自治通則。但因我中央政府退處臺灣一隅，實際僅有一省，無從訂定所謂通則。因此遲疑躊躇，至民國八十三年，始公布「省縣自治法」及「直轄市自治法」。上述情形，充分說明，我國之地方自治有關事項，應由中央以立法手段規定之，並非地方所得自由而為之。其理由乃因我為一單一主權國家，一切權力，均屬於中央，地方之任何權力，亦皆受自中央；此與聯邦國家聯邦體一切權力均來自各邦者，大有不同。

政務官既為決定國家政策之官員，而國家又為一整體，政策自應有其一致性。故為慎重起見，政務官之設置，應由中央立法定之，始為適當，而不得由地方各以其單行規章自行定之；同時，若地方得自行以單行規章設置政務官，則各省市各自為政，所定必然相互軒輊不一，體制必亂。此所以現行兩地方自治法，均已明定某些職務為政務官。現若於中央法律之外，又復得以地方單行規章增列政務職務，顯然違背上述法理。

所謂以法律規定，目前僅係在各機關組織法律中予以規定。近年來，立法院常費較多時間討論政治問題，而使民生法律擱置無暇討論。尤其當此民主競爭時代，若干黨派或若干個別委員爲爭取選票，有時不免曲從，而通過若干應可再進一步討論之條文。因之，政務官之設置，遂常有軒輊不一之情形。最明顯之例爲國科會所屬之新竹科學園區管理處處長職務，係一部會下之所屬機關，經立法院通過之組織條例竟亦定之爲政務官；另一例爲行政院大陸委員會之第一副主任委員職務，通例應定爲與各部政務次長同等之政務官，但卻已在其組織法中定爲特任官，均爲向所未有且不合體制之事。筆者深知，兩者皆係因當時在用人上有實際之困難而然。就當時解決問題立場而言，非不可以了解；但爲求解決此一臨時個別問題，而竟犧牲原則，似仍難謂爲允當。故爲免除此類事項之繼續發生起見，政務官之設置，應在政務官法律中訂定設置原則，爲之母法，而後組織法律始據以個別訂定之，庶幾可稍免僭越之弊。

在訓政時期，曾有人對政務官界定爲：經執政黨中央常會通過後予以任命者，爲政務官。行憲以後，執政黨仍繼續執政未變，政務官任命程序亦未改，但上述定義，至今似已難認爲周延適當。爲今之計，政務官之任免，其屬政黨內部程序部分，本文似不必討論，但在政府中之任免程序，亦應在政務官法律中予以明文規定。

6. 政務官之名稱：有人謂，在此民主時代，爲民服務之人員不應稱之爲官云。筆者不甚以爲然。據「禮」「王制」之孔穎達疏稱：「官者，管也」。亦即現今稱為管理人員之意。但甚至又有人謂：管理一詞違背現代觀念不美，必須稱為服務云云。照此說法，則不稱官而稱服務員，似乎甚美；但所不美者，在其令人聞後有滑稽之感。我中華民國憲法亦有官吏之稱，稱官有何不可？

考試院現正進行訂定政務官法律，希望從早順利完成。

（二）政務官任命之地區分配

我國為一疆域遼闊之偉大國家。唯其為大國，故有治理大國特有之道，誠非寡民小國之所能知也。例如，漢之行察舉，對郡國舉送中央人才之人數，即有按郡國人口定其名額之定規。此種分區定額之制，歷代相傳，均定於取士制度之中，迄民國未替。我憲法第八十五條言：「公務人員之選拔，應實行公開之考試制度，並應按省區分別規定名額。」此處所稱分別規定名額，亦即承傳我數千年來之分區定額制度。現我政府雖退處臺灣一隅，但兩岸統一，終為必然實現之事，為資照顧此一疆域遼闊之全局起見，分區定額制度，實仍有其必要。孰知主事者見不及此，竟將憲法中此一條款予以凍結。格局之小，豈我大國政治家之所應有乎？

惟所稱分區定額者，歷代僅行之於事務官取士之初。行科舉後，多係僅於鄉試及格人員之貢送中央參加會試名額有所規定。至於在任用上及既仕後之遷調上，以及政務官之任用，則無所謂分區定額。因遷調應係各憑才能與造化，政務官更另有政務官應備之特殊條件。

雖然如此，但就治理大國現實而言，則又不能不特別注意政務官之地區分布。是故歷代執政者，其內心自仍有其權衡，俾免偏枯。國民政府奠都南京後，無論訓政或憲政時期，於中央政務官之任命，法律雖無地區名額分配之規定，原屬合理；但熟悉政治實際運作情形人士，觀察既久，當無不了解，在無規定之中，實際卻有雖似模糊，但每至適當時間，必定出現之一項原則，即政務官之任命，大致亦有地區分配，甚爲得宜。

最明顯之實例，爲司法院大法官與考試院考試委員之籍貫分布。法律將考試委員定額爲每居十九名，大法官十七名。除兩院組織法分別規定，各有其一定之資格條件外，另無任何法規有關於省籍之規定。但事實上，此兩種官員，歷來均係就我全國各省，由總統每省分別遴選提名一人，在八十一年五月公布第二次增修之憲法條文之前，均經監察院同意任命，二次修憲後，改爲經國民大會同意任命。惟以無論十七名或十九名，事實上均不敷分配每省一名，故每必斟酌情形之不同，將同一地區之二省或數省合併爲一地區提名一人。例如兩廣、西南（雲貴川）、兩湖、東北（九省）、西北（陝、甘、寧）等間常作爲一地區提名一人。每居情形不盡一致，但絕未出現同一居有一省二名之情形。由於此種政治習慣，遂形成雖無法律規定，但確有分區定額之事實。各地區各省亦因此而相安無事。

至於其他院部政務官階層之正副首長、政務委員及常務次長等高級官員，因其多無固定任期，又常非於同一時間內任命，故難如上述兩院之可作規律化之地區處理；同時政務官員之任用，考慮因素較多，有其適當彈性。但經長期觀察，發現最高當局心中，亦存有此種兼顧地區分配之觀念。例如每當情勢自然形成高級人員籍貫偏多於北方，或偏多於南方，或偏多於少數二、三省分時，當局必於適當時機予以補救。常有傳聞，有時甚且有人士坦率提出，謂該省業已多年無一任要職者，先總統亦不以爲怪，輒適時擇一予以任命之，以資補正。

近年來臺灣政治生態大變，影響政府用人者至爲明顯。原考試、司法兩院對一省不得有二位委員或二位大法官之不成文習慣，今已打破，而有一省多至數人者。筆者認爲，原定一省一人，本係一種政治上之適應；但如今國家偏處臺省一隅，政府實際控制地區，僅有臺、澎、金、馬等地。爲適應此種政治事實，在人事上偏重臺灣省籍，仍爲一種政治上之適應，應無不當。

此外，近年顯明之第二種變更，厥爲政務官之年輕化。不僅部長、次長平均年齡較輕，若干四十許人士即負大任；且對法無明文規定年齡限制之考試委員及大法官，亦半公開宣告，年逾六十五者不予提名。爲配合時代潮流所趨，此種規定，本亦無不當；但既有此宣告，卻又有例外，較以前之有一原則即予堅持者，大有不同，實爲不當。

國父有言：「政者，眾人之事；管理眾人之事，謂之政治。」此語至爲簡明扼要。惟其爲眾人之事，故必天下爲公，始足以服眾。

（三）中央政府政務官之任期

我國政務官任期，依據憲法與法律規定，中央政府五院院長之任期：立法院院長、副院長爲三年，考試院院長、副院長六年，監察院院長、副院長爲四年，以上三院均與各該院委員同其任期，以期一致；至於行政、司法二院院長、副院長則無任期規定。院以下之各部部長亦均無任期規定。大法官法定任期爲九年。

在不成文憲法或不成文法律國家，某些習慣與傳統，爲其不成文憲法或法律之部分；在成文憲法或成文法律國家，於成文外，亦有若干不成文之習慣與傳統，具有程度不等之法律性拘束力。我國民法總則第一條言：「民事，法律所未規定者，依習慣；無習慣者，依法理。」是即與此有關之規定。

據此，我國無任期規定之上述二院院長、副院長，其中行政院院長、副院長於新一任總統上任前，必依例（即依習慣）提出俗稱之「內閣總辭」（我國制度中並無內閣）。此外，每屆立法院新任期開始時，行政院應否總辭？近年頗有爭議。主張應辭職者，其理由係比照內閣制之內閣對國會負責，並引憲法法條爲據。反對者則認爲我畢竟非內閣制，憲法亦未明文規定新一屆立法院開始時應辭職。何況新一任總統任期開始時已辭職，似有重複。由於過去第一屆立法委員數十年未改選，不發生新一屆立法委員就任後，行政院長應否辭職問題，故無先例可援。但在第二屆立法委員就職前，郝柏村院長自動辭職。後大法官會議於八十四年十月十三日作成釋字第三八七號解釋：新一屆立法委員集會前，行政院正副院長、政務委員及部會首長應總辭云。所謂總辭，其範圍應自院長以次而限於至政務官爲止，原無問題。因其餘既非政務官，縱然係與政務官部分平行之事務官機關首長，仍是常任事務官，若非自願或依法，應不得因總辭而強迫其隨同辭職。但郝院長辭職時，對此似亦有爭論。惟無論如何，院長、副院長、政務委員、政務委員兼部會機關首長者，以及特任之秘書長，應均在總辭範圍之內，殆無疑義。

至於司法院，似頗爲有趣。大法官有明定九年之任期，院長、副院長則無任期規定。惟在以前兩位蔣總統執政期間，所形成之習慣則爲：當大法官九年任期居滿之前，院長副院長提出辭職；另於新一任期總統就職之前，亦提出辭職。此種雙重請辭之習慣，是否合理，實大有討論餘地。

考試院院長、副院長，法有明文規定，其任期與考試委員同爲六年。因此，習慣在其任期中途遇逢新一任總統任期開始（在六年任期之最後八個月中，五月二十日爲新一任總統就職日，八月卅一日爲考試院正副院長及委員任期最後一日，故必遇逢），考試院院長、副院長、以及考試委員，向例均從不提出辭職。至於六年任期中途自行提出辭職，法無條文禁止，自無不可，但與制度無關。近年出現唯一例外，則爲民國八十二年四月間，孔德成院長及林金生副院長似爲被動中途提出辭職。雖係被動，畢竟仍爲自辭，應視爲偶然之個人行爲，與制度絕對無關，不得以爲今後成例。

至於五院所屬之各部會，除審計長任期六年，公平交易委員會主委、副主委及委員任期均爲三年，消費者保護委員任期三年（主任委員法定由行政院副院長兼任），考試院公務人員保障暨培訓委員會專任及兼任委員任期均爲三年外，其他各部及司法院所屬最高法院、行政法院及公懲會無任何一部會之組織法對部長定有任期，上文已言之。惟行政院之各部部長，於行政院總辭時，應隨同辭職，以表示共負連帶責任之意；但在平時，除自動辭職外，習慣上均爲院長通知其辭職。此種通知辭職，並無法律依據，乃係基於院長對各部指揮監督權力延伸運用所形成之習慣。

考試院有兩部，部長不僅無任期規定，且數十年來，既從不隨同院長、副院長及考試委員任期居滿離職而辭職，亦不曾因新一總統任期起始而提請辭職。因此，依據以往事實紀錄，兩部部長實際任期，大多甚長（參閱本書附錄壹第三文第一節「任期最長之部長」）。但近若干年來，亦有變化。民國七十九年八月三十一日，行憲後第七屆考試院任期居滿；九月一日，第八屆任期開始。此時，兩部長及政務次長雖未更換，但竟均經新任院長報請總統重行任命，此在法律規定上及往例，均所未有，應非妥適。八十二年四月，第八屆任期僅過三年七個月，尚餘二年五個月，院長副院長辭職，新院長接任，兩部之部次長均未因院長之更新而有所更動，亦未辦重行任命手續，自屬適法。據上所述，七十九年之重行任命，應爲一種權力不當運作之偶然現象，決不得以爲定制。

至於各部政務次長或政務副首長，在法律上均無任期規定。但多年來，似有一已被視爲習慣之情形，即政務次長應隨同部長之辭職而提出辭職。其理由爲：與部長共負政策責任而同進退云。筆者認爲，此爲一似是而非之謬論，因所謂同負政策責任而共進退也者，原係同一政黨黨員共負本黨政策責任之意。若執政黨並未更易，而新任及原任部長均屬同一政黨，則前後任部長所採行者，均係該同一政黨之政策，非其個人之政策，則何所謂隨政策而共進退也哉？自應無庸以共進退之理由而辭職。除非該部長確係因政策不當，且此一次長當初主張採取此政策。但若新任部長有意另請高明，自可合理運作其權力，先行通知其辭職。

觀乎多年來之風習，甚至有少數部會之常任次官，亦常因首長之辭職，而亦隨同提出辭職者。此種情形，如確係出乎其個人意志之選擇，或雖係被動但卻欣然同意，自無不可。但若非自願而係被迫，則屬錯誤，應拒絕提出辭職。非如此，不足以建立健全之常任文官制度也。

(四) 政務官都是聖人

筆者在銓敘部工作之民國七十三、四年間，中央政府有大批常務文官調任政務官。不及數月，已居年終。有人非正式語我，調政務官雖未必可謂爲升官，至少決非降職，但調任後收入明顯減少，殆爲事實。並舉例如下：第一、政務官無年終考績，因而少去兩個月俸給總額之考績獎金（如以八十四年度俸給標準計算，爲二十六萬七千多元）。第二、做事務官如全年不休假，可以領二十八天俸給不休假加班費約十二萬四千多元。以上兩項共計三十九萬餘元。

就俸給而言，政務官無論其爲院長、副院長、政務委員、大法官、考試委員、監察委員、部長、主任委員、政務次長、政務職之副主任委員等等，均各僅有一個俸額，無論任職年資如何，其俸額均無晉升之規定。

揣想，此種制度背後之哲學，當係由於國人認爲知識分子談錢有欠清高，尤以位高望重之大官爲然，應勿斤斤計較區區金錢。類如考績獎金、晉升俸級等細端，何足掛齒？

實則，政府之支付金錢予爲其工作之人員，此金錢至少具有四種意義：第一、對工作人員交付責任。第二、表示尊崇，所謂重金禮聘是也。第三，工作酬勞。第四、對工作人員表示感念。至於考績獎金或晉俸，乃係對人員工作成果表示肯定。總括而言，均具有物質與精神雙重意義。如有人既不好名，又不好利，非聖人也何？

(五) 政務次長豈是如夫人

中央各部組織法中，所定常務次長之階級，前在簡薦委制度時期，大多定爲簡任一級，以示其職高位崇。列單一簡任一級而不跨級，應不得以簡任二級或更低之階級任用。此與其他職位必跨若干個俸級，大有不同；至於政務次長，則不在組織法中定其俸級，或定爲簡任一級，或定爲比照簡任一級。

五十八年，政府實施職位分類制度。因納入分類之職位，僅以事務官爲限，並以常務次長列爲分類體系中最高職等之第十四職等。而政務次長則在各部組織法規定爲比照第十四職等。七十六年，改行兩制合一之新人事制度，常務次長職務列簡任第十四職等（只有一個俸級），並在機關組織法中載明；但政務次長則不列等，惟仍沿舊例在組職法中規定，其一般用語爲：「政務次長一人，職務比照簡任第十四職等。」此種體例，本人曾於私人談話時有所質疑。所得之答覆，可歸納其理由有二如下：1.政務次長爲政務官，既無官等，但又非特任，爲資明確起見，仍不得不有所規定，因而只好如此措詞云。2.所稱「比照」常務次長之第十四職等，並非指其官階品位之比照常務次長，而係指其薪俸等級之比照云云。此種辯詞，實不足服人。理由：1.應可逕依政務次長職稱，規定之爲：「政務次長一人，爲政務官。」2.至於所謂係指薪俸等級之比照云云，更屬牽強。因薪俸之事，本非組織法律之所應涉及，而應另定之於有關政務官給與之法律中。

事實上，政務次長與常務次長雖皆爲次長，但政務官與常任事務官，兩者性質原屬兩途。前者爲參與決策並對政策之當否、得失與成敗，分擔其責；後者爲遵奉與執行政策，就執行之效，負成敗之責。政務次長與常務次長兩者之間，縱無地位高低上下之別，至少政務次長必不能謂爲低於常務次長。現將原本性質不同，致不能相互比較之兩個職務，必欲強以政務「比照」常務，實屬荒謬。

所謂比照者，亦即原本有所不如而攀附之意。俗稱姨太太爲「如夫人」，因正太太始稱夫人，姨太太不得稱夫人，惟其雖非夫人，但同爲丈夫之室人，亦有「如」夫人，故稱爲「如」夫人，亦即有如夫人，實則並非夫人。又如若干年前，我國對文職出身無軍官資格而任軍職之人員，爲使執行任務便利起見，特別畀予「同少將」或「同上校」等有「同」字之階稱。所謂「同」者，亦即本非少將或上校，但勉予攀附，使之與少將或上校相同之意。

所以所謂「比照簡任第十四職等」云云，亦即不如簡任第十四職等，而姑予攀附比照之意。以政務次長而必攀附比照常務次長，既與事實不符，自爲不通且又不妥。謂其荒唐錯誤，決不爲過。

六、論人事制度之穩定性與限制性

(一)人事制度應維持適當穩定性

我國向言:「利不百,不變法」;但又言:「苟日新,日日新,又日新。」兩者顯然相互矛盾,究應如何解釋,以利實踐?

日新又新,原係自然現象,諸如日月星辰,四時運轉,大地有滄海桑田之變化,河川日夜無休奔流,均為顯例。日新又新,亦為生物現象,無論動物植物,莫不有生老病死,表面視之,似乎一切依然如昨,實際每日面貌常新。日新又新,復為物理現象,我人日常所看似為一完全靜止之物,實際其內部每時每刻均在變動之中,此所謂萬物恒動也。日新又新,更為人體生理現象,外表看似日日如是之人,實際其生理與心理現象,每日均有不同。種種事實,既均證明如此,則我人行事,豈可墨守成規而不知求新求行求進步乎?

但是若有人認為,既如此,則我人即應每日均有所更張,且更張越多,即表示進步越多;否則，即不足以顯示其日新又新之精神云，此似又屬誤解。因變更太大太頻太多，是爲過猶不及，且實有違日新又新之真諦，而形成革命行爲，或形成我國所稱之變法。革命與變法，均爲必要之舉，但必係社會發展至一定時期一定階段時，始得爲之。因其積弊既深，其勢力根深蒂固，非採非常手段如革命或變法者，不足以除舊佈新，但卻決非時時得而爲之之事。

革命之事，在此姑不具論，因其係社會結構與實質均發生根本變化後所引發之一種特殊狀況。至於變法，與日新又新大有不同。我國歷史上所稱之變法，乃指以和平手段對國家制度作相當重大之根本變更。例如帝制之變爲民主，民主之變爲獨裁。至於個別局部制度之改變，則謂之改制，例如簡薦委制度之變爲職位分類制度，諸如此類情事，所涉者爲個別制度結構體之根本變造，而非技術性之改進而已。我國歷史上最著名之變法，如商鞅變法、王安石變法等皆屬之；東漢亦有揚雄改制。此種事項，決不可與日新又新等量齊觀。

人人皆知美國人好新鮮，喜歡嘗試新制度，但似乎罕有人引述相反事例。美國聯邦憲法自一七八八年生效以來，至今二百餘年，社會已發生極其明顯重大之變化，但其不僅並未換寫一部新憲法，而仍繼續適用此二百餘歲之憲法，且至今仍尚僅有增修案二十七條。其中第一至第十條且係傑佛遜於憲法一七八九年施行之同一年發現原即漏列有關人權保障之規定，而予一次提出以補訂，於一七九一年生效者。其他十七條增修案，幾乎可謂無一涉及制度之根本變更者。但整部憲法，至今行之甚善，國富民強，何以未見有人批評其保守也?又何以未有人未以日新又新相責求也？

人事制度爲國家重要制度之一，凡有舉措更張，動輒直接涉及全國所有機構公務人員之權利義務，間接則及於公務人員所服務之全國人民，決非小端。故人事制度，決不可如人之每日洗臉吐痰，三朝兩日，甚至早晚隨時予以變更。若人事制度亦日新又新，動輒標新立異，惹是生非，無端更張，必使制度嚴重缺乏穩定性，而使在此制度下工作之公務人員，對制度缺乏信心；或爲遂求一己之私慾，而隨時任意干求。猶憶民國七十年以前，某次修正「分類職位公務人員俸給法」，將俸表中之俸點，普遍調整提高，除最低之一六〇點及最高之八百點未有變動外，餘皆有所增加，原屬美意。但其中有少數幾個委任級職等之俸級，俸點雖亦有增加，折算現金後實際所得亦有增加，但卻較其他俸級所增每月新臺幣數百元或數十元者爲少。其實際增加之現金所得，經實際核算，每月僅有一元或二元；此外，另有其他若干俸級，所增加之實際所得，亦較微少。於是公務人員抗議函件，真有如雪片飛來，每日不斷，繼續三、四個月之久，完全意外，實堪驚人。其最響亮之抗議措詞爲：「無理扣減薪俸所得」云。請各位注意，民國七十年前後之臺灣，係蔣經國先生執政時期，社會尚不似今日之動輒可以請願或抗議。對於此種不過每月所增較他人少數十元之微末小事，其抗議情形猶且如此，足見人事制度之更張，不可輕舉妄動，不可不慎。

但筆者之真意，並非謂人事制度不可日新又新。執行性、技術性、非涉結構性之改進措施，極有必要，且應於詳細研究定妥後，堅決而勇敢爲之。但對制度之基本結構，則必須維持其必要之適當穩定性。尤其有關人員之身分、地位、品位高低，實際權益以及金錢所得等端，更應慎重。例如職務列等，更不可動輒全盤調整。

(二) 制度與法規原均具有限制性質

所稱制度者，乃指在一定管轄範圍內，對管轄當局人員及受管轄人員，在處理同一情形事項時，所必須共同遵行之一套具有強制力之固定標準、程序、手續、步驟及限制等之規定。當此一管轄範圍（國家、社會或團體）係採取成文法形式時，其制度必出之以法律規章形式；如採不成文法形式時，則有可能僅出之以慣例。因此，就成文法而言，法律規章與制度係一種表裡關係，法律規章為制度之形體，制度為法律規章之實質。兩者二而一，一而二，相輔相成。

依據上述觀點而言，制度或法律規章之功能，大致應係如下：1.將規定昭告大眾，使之知悉有所規定。2.使管轄當局人員及受管轄人員共同有所遵循。3.對同一情形事項之處理，有強制性之限制作用。4.劃一標準，維持公正與公平。

依照權利學說中之法律權利說，權利之產生與存在，係起因於法律有所規定；故無法律規定者，即非權利。因此，法律與制度，就其積極意義而言，在政府方面為一種「給與」，在權利之主體方面為一種「享受」。但所給與與所享受之權利範圍並受此同一法律所限制，不得自行擴張或增加。

筆者任公職多年以來，常聞有行政機關人士言，人事制度所給予機關用人之若干限制，常使行政機關諸多不便云云；甚至若干有地位之人士言，人事機關爲何制定如許限制機關用人之規定也云云；或甚至譏諷謂，人事機關是否可以制定一些非限制性而係幫助性之法律云云。我人稍加靜思，不難立即發現，諸如此類言詞，似完全係本於一種自我便利立場，而無所考慮及國家應有之公正公平立場。

殊不知，舉凡任何人事法規之內容，諸如考試、任用、考績、退休、撫卹等等有關法規，無一非給與公務人員權利，但同時對權利之範圍亦有所限制，一如上文所說明之情形。且對不合格人員根本不得享受此種權利之規定，亦即將其排除於法定權利範圍之外者，就正面意義而言，正係對合格人員之保障，尤其更係確保政府公務人員之健全，及確保政府機關運行秩序。此其一也。

此外，所稱制度者，其性質之一，爲對受益人有所給與，有如上述；而另一重要性質，則制度本係要求各機關以及各受益人不得自行任意行事。若有人謂，制度常使人不方便云云。殊不知，既稱制度，自即必有標準，有標準即有限制。故制度之目的，本來即在使人不得有任意爲之之方便。此其二也。

上述道理，不僅於人事法規及人事制度爲然，於其他制度亦莫不皆然。荀子言法制之起因，係人類「化性而起僞」。性者，人之本性，意欲任意放縱爲之，亦爲本性之一。僞者，非虛僞之意，而係「人爲」之意。既「化性而起僞」，則何能謂人事制度不應有所限制也？

（三）法令多如牛毛

我國自古以來，認爲「法令多如牛毛」，乃爲政所不宜。經細加深入探索，此一語句之內涵，似乎包括有下列兩種思想：

第一、就辭面所顯示之意思而言，在指責政府法令規定過於繁瑣，亦即數量既多，內容亦細，使人民因不能盡知以致無所適從。

第二、就其內涵所涉及之實質而言，對政府管制過於苛細嚴密，限制人民應有之自由，表示不滿。

關於第一點，認爲政府法令太多，以致人民不能盡知云。個人認爲此純粹爲一立法技術問題，且確有部分道理。但筆者認爲，觀念仍應稍加修正。原則上，要點爲所有有關之法律，任何有關之規定以及有關之解釋，應使之均集中於一個完整之法律中，或一套法典中，最好則爲集中在一本法規書籍之中，使人民人手一册，即能曉悉所有有關規定之全貌，而無待再行他求。在此原則之下，法令文字且應具有適當合理之詳盡與明確，而不應簡略或模糊，亦不應分散或遺漏。

此不僅可使人民於閱讀法令後，即知所從；更可以貫徹政令，並避免邪惡之公務員上下其手以虐待人民。

至於就第二點有關政治觀點而言，此涉及政治層面問題，其本質實爲一種反權力思想。此種反權力思想，東方西方向來均已有之。例如我國古代民歌謂：「日出而作，日入而息。帝力何有於我哉？」又歷代帝王，亦常以政簡刑輕以與民共生息爲美，均足爲證。再觀乎西方，關於政府之職能，在政治思想史上，曾有多次演變。以前有如傑佛遜所言：「管理最少之政府，即爲最好之政府（that government is best which governs lest.）。」希望政府少管，係因恐懼政府專制而侵犯人民自由。但至二十世紀以來，福利國家思想及社會政策施政盛行，要求政府多多爲民服務之觀念，甚爲強烈。循此方向繼續發展至二次世界大戰後，遂有所謂「大政府（great government)」主張之出現。於是，人民要求政府服務之項目，大爲增加；政府之活動數量，亦大爲增加。在一般觀念中，雖似霍布士（Hobbes）所言，政府有如一巨靈，但事實上，政府力量畢竟並非真正無限；而民間之財富，至今亦愈來愈豐富，許多以前均由政府一力承擔之事務，已漸漸必須民間參與，甚或完全轉由民間獨力從事，以濟政府力量之不足。但無論如何，今日人民之生活內容，較一百年前或二百年前，不知已豐富多少倍；其有關之事項，無論由政府或民間辦理，政府仍必須訂定法律，並至少應設置有關之機關加以監督管理之，決不能放任而使人民遭受損害。基於以上說明之情形，今日研討此一問題時，如仍引用我國過去垂拱而治之觀念，或二百年前傑佛遜之觀念，以論斷今日國家之性質與政府責任，似不免令人有明日黃花之感。故對數量繁多之為民服務事項，政府實仍責無旁貸，至少必須立法並設機關以管理之，政府不應亦已不可能再垂拱而治。但足以妨礙人民自由與社會進步發展之干涉性措施，政府則應避免。

多年前，我國某位極為知名之政治學前輩（現已謝世近二十年），於談話中對筆者感歎，謂人事管理法規洋洋兩巨册，過於繁瑣云。但筆者當時亦感慨，以名滿國內之學者猶且抱此觀念，則其他人更無論矣。實則我中華民國政府任何一個中央主管部會所主管之法規，無一不超過兩巨册。筆者認為，兩巨册並不為多，要在所有有關規定均詳明、具體、且有系統，均齊備於此兩巨册甚或三、四巨册之中，使有關之問題，均能在此一册或數册中獲得解答。如此，較之籠統含糊簡略之立法，使人民不明究竟，而徒然幫助品德低劣之公務員上下其手，好過太多，實甚重要。故筆者認為：法令多如牛毛，如均在同一條牛身上，亦不為過，且屬必要。

七、公務人事管理採用科學方法之困難

泰勒等人發明之科學管理，其直接對象爲生產管理。例如時間研究、動作研究、工作分析、工作評價、按件計酬等，均爲生產過程中之事項。由於其能間接有效控制人員之勤惰，涉及人員之生產率、生產評定與報酬，以致引起人員反感，終而有人性管理學說之反動出現；雖然如此，科學管理之學說與方法，仍確有其價值。惟必須注意，其制度之直接對象爲生產管理，決非直接用之於人事管理。

由於工作分析與工作評價，對職位上工作性質及責任之瞭解與評估，確能提供一套科學化方法；因此，遂有可能引用之，建立以工作爲根據之職等職系體制，進而引發職位分類制度之產生，轉而將科學管理直接用之於人事管理。

職位分類此一人事制度，除美國聯邦政府及部分州、郡、市實施外，在世界當今一百九十多個國家中，其他國家採行者，不過四、五國而已。我國前經採行而不成功，已於七十六年予以廢止。日、韓兩國當年雷聲大雨點小，終未實行。有關職位分類制度在我國採行及廢除之經過，以及所遭遇之困難情形，請閱本書第四篇「簡薦委制度及職位分類制度沿革」一文之第㈡節。

此外，我國曾有一極短時期施行自創用以管理人員之所謂「三考三卡制」，雖非西方科學管理中原有之項目，但仍係依科學管理之精神而設計。其手段不過採取一套書面記錄資料，以利考核。結果遭受公務人員猛烈攻訐而告失敗。至於公務人員考績制度，依筆者淺薄所知，認爲古今中外，似無任何一種考績制度可稱之爲確實成功者。凡此種種，原因何在？最根本之原因，乃在1.行政業務之準確數據難以建立；2.且以數據爲基礎之科學管理方法亦有違人性。

本文之目的，在證明筆者下列觀點：科學管理或精密準確之科學方法，技術上因準確之數據難以建立，策略上因其違背人性，故不宜於人事管理之用。

（一）行政業務難以量化

在行政管理學者迄未能徹底解決之各種重大問題中，其一爲行政業務絕大部分不能數量化，因而形成管理上之基本困難。

行政業務中，固然亦有部分可以數量計算，但絕大部分則不能按件核計。例如公文，縱然可以按件計算，但對其製作所費之工作量，則不能按件計算。因公文內容幾乎每件不同，故每件之製作難度亦有所不同，絕不能按件計算其工作量與工作績效。概言之，影響公文工作量之不同，以及價值之不同者，至少有下列數項：

1.此一公文之字數。

2.此一公文之複雜性。

3.此一公文製作之前與製作完成出手後，所必須洽商之關係人數，及製作人所需之協調技能，以及洽商協調所需之時間。

4.此一公文製作人，對公文內容有關資料取得之方法、手續與時間。

5.此一公文製作人處理公文所需之基本知識與經驗。

6.此一公文製作人，對此一公文內所包括及涉及之問題，所作成之解決辦法，是否正確，及其可行性如何。

據此以觀，對每一公文之製作，均不可單純僅依公文字數或件數之多少，即判斷其工作量與工作價值；科學管理學者所採用之工作分析、動作研究、時間研究或工作評價等技術，對此亦難以為力，故其按件計酬制度亦不能在此使用。

至於普通行政機關中之其他業務，諸如起草一項計畫、起草一種法律草案、籌辦及舉行一次會議、標購一件或一批物品、建造一所公用房屋，以及大量其他各項業務，均屬無從以量評定其業績之事項。

(二) 科學方法不宜於人事管理

筆者研習人事管理，並實際從事人事管理工作有年。工作迫使筆者必須經常爲不斷發生之實際問題尋求解決方案。退而不免時時仍追究問題根本原因。所得結論之一爲：用科學方法管理人事，應特別愼重考慮。

泰勒發明科學管理，當其推行之初，曾遭遇嚴重抗拒，此爲眾所周知之事實。我國王雲五先生，最早將科學管理引入，民初行之於商務印書館，亦曾遭遇抗拒。及至我國人事行政局於民國五十六、七年間，採行「三考三卡制」，亦遭受公務人員激烈反對。民國五十八年開始，人事行政局熱心推行職位分類制度，亦受到公務人員及各界之嚴厲批評與反對。羣眾甚至不惜傳播流言，企圖爲某一、二熱衷於推行職位分類之人員加戴紅帽，以洩憤恨。凡此種種，其原因究竟何在？細加尋索，不難發現：在諸此事實之中，有一共同因素存焉，即所反對者，均爲科學方法也。

科學方法用之於瞭解事象、分析問題、處理物件、研究與管理一般事務等等無生命之事物，實爲最優良之方法；但一旦直接用之於管理「人員」，則常不甚適宜。個人分析，其主要原因如下：

1.物件或事務均無生命，而人有生命。

2.物件及事務之形形式式，雖不一而足，但仍可採取各種不同之標準予以分類，以利處理。惟人心不同與人性不同，各如其面，甚難予以作成準確切實而有運用價值之分類與處理。

3.物件或事務較爲固定，但人之種種則經常在活動中與變動中。

4.物件或事務或無生長現象，或縱然生長，亦多緩慢；人則不僅有生理上之生長，更有心理上之經驗、知識、技術、能力等等方面之增長變化，日新月異，大有不同。所謂「士別三日，便當刮目相看。」即是此意。

5.物件或事務無智慧與感情，人員則有智慧與感情。因之，人員幾乎無時無刻不在運用其判斷力、價值觀、取捨心，以及其瞬息萬變之喜怒哀樂情緒，以處理其所面臨之周圍環境及遭遇之問題。其判斷及運作究竟如何決定，似難有準確之規則或規律可循。

6.物件或事務不知反抗，而人員則知反抗。

據上所析，可知人與事務顯然有別。可用以治物之道，似難盡用以治人。故每有此類對人之科學管理措施出現，多遭失敗。且越精密之科學化設計，則越多越易遭遇困難與失敗。除非採取時下流行之所謂「魔鬼訓練」，主持者有權將人視同物件，將其置於軍令或類似軍令之強大壓力下，始「暫」一有成功之可能。但公務員或企業中之員工並非士兵，管理者無權將之視同士兵予以管理，公務員及企業人員定必反抗。

此所以在科學管理之後，管理學界出現反動，而有人性管理學派出現。

(三) 考評制度之困難

此處所稱考評，包括平時之考核及定期之考績。

行政業務之不能量化，已見上述。其後果之一，即對工作人員之一般考評，其方法亦甚難予以科學化，故亦甚難準確。因之，公務機關之考績制度，隨之亦發生困難。依個人多年經驗及研究所知，中外古今，似可謂從無一套真正成功之考績制度。

茲將進一步之理由，說明如下：

(甲)、就考績技術而言：考績方法基本上可區分爲兩大類。依個人之用詞，一爲比較法，二爲固定標準法。

所稱比較法，大致言之，係對本機關內部人員，就考績定期內各人之工作成果，或加上其他考績因素，例如品德等，作一相互比較，區分高下，而予以評定之。或有將各機關考績期間之個別機關總績效，相互比較，以先評定各該個別機關之總績效，區分等級或予以評分；然後再依此等級，決定該機關得評列優等之人數，或全體人員(包括各個等級人員)之平均分數。

所稱固定標準法，爲先建立若干評核具體事項之固定標準。至實施考績時，將每一公務員考績期間之工作成果，與此標準對照，視其是否符合其中某些優劣事項標準，以評定其期間之成績。

除此以外，當然亦可將此兩種方法，以各種不同成分之比率，予以混合使用，但多係以其中某一種爲主。我國在新人事制度未實施前，無論簡薦委制或職位分類制，其考績均係以比較法爲主，亦即將每一機關內部人員相互比較以定高下；但亦兼採少量固定標準法以輔之。亦即在其考績法規中定有平時功過之固定具體標準，以供考績期間隨時據以辦理功過評定之用，並予以記錄。待至辦理定期考績時，即依考績法規所定，對具有何等功過紀錄者，即必須予以何一等級之評定，而不採比較法與其他人員比較。

我政府公務人員實施官職併立之新人事制度後，現行之公務人員考績制度，已一反前述制度規定，而另採固定標準法。「公務人員考績法施行細則」第四及第五兩條所定之考列甲等與丁等標準，及不得考列甲等標準，即係此種具體固定標準之規定。至於以前原已採行之平時功過評定標準，亦仍繼續採用，更加強其固定標準法之成分。但在諸此規定之外，當受考績人遇有下列情形之一時，仍得由機關長官，就其考績期間之具體事蹟，斟酌予以評定（亦即不能或無可依據固定標準時）：1.受考人不具有固定標準中之任何一項標準者。2.受考人兼具考列甲等及丁等兩組標準中各一種時。3.受考人有平時功過紀錄，但經相互抵銷後已無功過，且又不具考列甲等或丁等之任何一項標準者。4.受考人既無任何平時功過紀錄，又不符合評列甲等或丁等之任何一項固定標準者。以上四種情形人員，均授權機關首長評定其考績，且並未明文規定首長應將此四類人員之考核結果相互比較，再就各考績等次按一定百分比率予以評分，僅規定「由機關長官視情節」或「或就其具體事蹟」評定其適當考績等次（雖然實際上亦有可能相互比較。）據此以觀，所兼採之比較法成分甚少。

以上所述之兩種考績技術，各有缺點。就比較法而言，評分時，機關長官或被授權人員極易失之於個人主觀觀點，甚或根本流於偏私或舞弊。就固定標準法而言，此種標準，極難妥切訂定。因爲：1.甚難以簡明具體之標準，概括適用於全國各種情況不同之機關與不同性質之人員。2.標準既不能過於嚴苛，以免適合者過少；又不能過於寬鬆，以免人人皆可適合，以致失去意義。3.標準文字措辭不能過於概括籠統或彈性太大，以免寬濫；又不能過於精確嚴格，以致幾乎將無人可以適合。就我國現行考績標準而言，以考列甲等之標準爲例，考績法施行細則第四條所定各目，均相當具體。其一般條件尚屬寬嚴適中，惟其中仍有一、二目（例如第五及第六兩目）則似寬鬆。但若刪除此二目，則考列甲等人員，將必十分稀少。目前有此二目，則幾乎人人可以勉強適用。各機關每年之所以能將其人員百分之八十或九十以上評列甲等者，絕大多數均係引用此二目。其基本原因，即在於行政業務大多不能量化，故法規作有關規定時，只有以文學描寫方式爲之，實難精確，解釋時彈性甚大。

（乙）、就考績因素而言：幾乎中外古今之考績制度，均非僅採用單獨一個評分因素（例如工作），而均有至少三或四個以上因素並採。我國現所採用者爲：工作、操行、學識、才能四個因素。此四因素，無一可以量化。例如學識一項，目前實際使用方法，係以學歷爲區分，實嫌簡略而欠準確。

（丙）、就考績優劣人數之分布而言：無論是否採取比較法，按諸常態分配理論，任何一個團體中，其優良、一般與較劣三種人員，原則上應成爲某種程度之弧形曲線分布。因此，以往之考績法律，均有考列甲等人數百分比之限制，在大陸時期係以三分之一爲限。來臺之初仍如是。後有人事界某一當時頗有勢力人士，揚言其機關人員人人皆屬優秀，力主廢除百分比限制，並經完成修法程序將考績法中有關三分之一限制條款予以刪除。於是，乃出現甚多機關考列甲等人數，竟居機關總人數百分之九十以上情形。後雖經勉以行政命令予以補救，限爲二分之一，終非適法。官職併立之新人事制度考績法施行後，對考列甲等人數仍無限制。且由於時代進步，已無法再以行政命令限制，致使考列甲等之人數得以寬濫。考績法未有考列甲等人數之限制，固爲原因之一，但同時又不能定出足資實用之具體考績標準亦爲重要原因。其所以致此者，基本上仍根源於行政業務不能量化。

數年前修正考績法時，筆者尚任職銓敘部，力主恢復考列甲等人數百分比之規定。但阻力橫生，有力者堅持反對，竟致胎死腹中而不得行。悲夫！

八、論機關組織

（一）應制定免官法律與機關組織標準法律

筆者任職考銓兩部期間，幾乎每週奉派代表考試院赴立法院列席法制委員會之會議，就所審查之人事法律及各機關組織法，表示意見。頻繁時，每週常有三整天在立法院列席。如此前後十餘年，歷久而有所感，發現不少機關對於其有利事項，似有明知故犯心態，而常擴大要求。所涉項目通常爲：職掌、內部單位數目、員額、官等與職等之高低等。其中官等職等因有職務列等表之統一規定，予以規範，故雖仍有機關強詞奪理爭辯，但經筆者堅持，並承立法委員支持後，仍多能照職務列等表之規定，將有關條文改正通過。至於職掌方面，則在列席之其他有關機關及立委諸公之合作下，常能秉公維持其內容之正當合理，而獲定論。最困難者，則爲員額一事，從行政院內部院會交付審查時之審查會起，直至立法院之法制委員會審查，在此一過程中，行政院人事行政局與各該機關雙方，常爭論不休，在座之人事行政局代表人員，頗爲辛苦。凡此種種情形，經筆者反覆尋思所得之結論，認爲主要原因，係由於尙無一用以規範機關組織標準之法律，對諸此事項作成統一標準，以資引據與規範。

另一方面之經驗，則來自八十三年公布施行之「省縣自治法」及「直轄市自治法」對於省市政府內部一級單位首長之官等與職等問題，所引起之重大爭論。

依據上述實際經驗，筆者深感，政府有制定機關組織標準法律之必要。

此外，我國多年來僅有任用法律之制定施行，但無免官法之制定，似亦爲一缺陷。有關免官之定義、權力、權利、責任、程序、時效等等，均應有一法律予以統一規定。新施行之憲法增修條文第五條已將憲法原第八十三條所稱之「任用」一詞，改爲「任免」，是爲此次修正在用詞上之一項小小進步。似可考慮將現行「公務人員任用法」修正爲「公務人員任免法」；或另訂一項稱爲「免官法」之類名稱之法律。個人認爲，似以後者較妥。因官吏之任免，應將政務官及事務官納於同一法律之中，統一由考試院管理，始爲符合憲法之正辦。至於政務官之任用，則應於「政務人員法」中予以規定之。但若將政務官之任與免，統一訂定於「政務人員法」中，則公務人員之免職有關規定，即可採用「公務人員任免法」方式辦理。

(二)官等職等與俸級設定之原則

人事制度之全部內容，可以區分爲基本結構制度及運作制度二大部分，本書第一篇「人事制度之內容及模型」一文已予說明。

在人事制度之基本結構中，有官等與職等之設置；在人事制度之運作制度中，有俸給制度之設置。俸給原與官等無關，但無論依據理論，或按已多次出現之事實觀之，均足以證明，俸級之性質，常轉變而兼爲次級官等，亦即官等下之細分官等。因此，乃將官等、職等與俸給，在此予以合併討論。關於此類上下等級設定之理論，個人閱讀貧乏，不知有何人何書曾有系統化之論述。但此事關係重大，不能不注意。現僅能就個人實務經驗所得，試行說明設計官等、職等及俸給時，所應考慮之若干基本原則。

甲、先論官等。

1.政務官與事務官應否分別建制：政府官員，通常有政務官與事務官之別。而在事務官範圍之內或之下，又有一種介乎事務官與工役間之低級助理人員。以我國爲例，此種人員，在行政機關稱爲雇員；在公營事業機構稱之爲工員。

人事制度對以上政務官、事務官、雇員三種人員，除少數例外，大多係將其中政務官與事務官分別處理。例如我中華民國以往之簡薦委制度，以及職位分類制度，均係將政務官置於簡薦委任之外，或十四職等之外。但前者且將雇員亦排除於官等之外；後者則將雇員列爲第一職等。又如我國現行交通事業人員人事制度，將資位區分爲長級、副長級、高員級、員級、佐級、士級，共六級；其士級實亦相當於公務人員之雇員。士級之下另有差工，顧名思義，差工爲工而非職員，故此處不論。又如軍中，軍官與士官顯然分途，亦即相當於雇員級之士官，係與軍官分別處理；但在軍官中，相當於政務官之上將，則與相當於事務官簡薦委任之中將以下軍官，合併處理。此與我國歷史上九品官等制之將相當於政務官之一、二兩品，與相當於事務官之三品以下各品併處相同；但縱然低至第九品，仍係官員，並非雇員；相當於雇員者另列爲胥吏，乃品外之物。以上各種情形，各有其利弊得失，所涉複雜，應視個別制度設計時之原則、條件與實際環境狀況，而決定其究應分別或合併成套建制。

政務官、事務官與雇員三者，如予以合併建制，其主要優點如下：(1)將管轄範圍內全體人員，一視同仁。(2)或多或少便利於人員之循序陞遷，使人人有望。此對事業機構人員不十分注意層級命令指揮功能，而重視營利績效者，較爲適宜。但其主要缺點則在：(1)自最低之雇員以至於最高之政務官，其官制道路太長，雖謂人人有望，但事實上，確能走完全程到頂之人員，百分比更小，徒然增怨。(2)如合併於一套制度中處理，則下自雇員，上至最高之政務官，即應要求均需具有任用資格，方爲公平。但政務官與低層級之雇員，果若均如事務官之亦需有任用資格，顯然無助於國家政治性之用人及初級人員之任使，十分不宜。政務官之性質，在決定政策，自有其不同之任命條件；而非與性質爲執行政策之事務官相同，故不應強求其亦應具備任用資格。至於雇員級之初級人員，其職務幾乎人人可爲，實亦無待考試即可。

2.官等數目之決定：政務官、事務官以及雇員三者，無論是否合併在同一制度中處理，該一套官等制度，均必需決定自最高官等以至最低官等所應有之官等總數。官等總數多者，例如我國歷史上之九品制。九品爲數本來已多，但其名雖爲九品，其實則常有數十品之多。每品不僅區分正、從，且有上、下或上、中、下，歷代不同。遂使一個品位實際成爲四個或六個品位，例如二品，即有正二品上、正二品中、正二品下；從二品上、從二品中、從二品下六個品。因自後魏始，各品均有正從之分，於正從之下復有上中下三階之分，故名爲九品，實有五十四階，此爲品階史上爲數最多者，其後各朝，或僅分正從（如隋煬帝、元、明、清），或僅於四品以下始分正從及上階本階，而一至三品僅有正從，合計爲三十之數（如後魏孝文帝、唐、宋）。而官等數目較少者，則爲我國簡薦委制度，民初在其下尚有九等之分（簡任分一、二等，薦任分三、四、五等，委任分六、七、八、九等）；至最後之四、五十年間，則僅有特任、簡任、薦任、委任四個官等，官等之下不再分等。由於四個官等太少，使用時頗多不便，每一陞遷，即陞一個官等。任最低之委任官者陞遷兩次，即到達事務官最高之簡任。如此迅速，實非優良制度之所應有。解決此一缺點之方法，在民國初年時，除特任不區分等級外，簡任則區分爲二等，薦任區分爲三等，委任區分爲四等，合爲九等。似約略相當於九品制。但由於事實需要，九個等仍覺太少，而不敷用。以後遂逐漸演變，而至於廢九等，改而採用以俸級作爲次級官等之方式以行之，頗稱便利。最後演變成簡任有九個俸級，薦任有十二個俸級，委任有十五個俸級，合爲三十六個俸級，至今未改。人員自最低之俸級，逐年晉陞俸級，順利時，一年一級，達本官等最高俸級時，始另設條件，使之停留數年，始得晉陞官等。因此，晉陞道路即不致過於短促迅速。民國三十六年行憲後，於三十八年公布「公務人員任用法」，規定在簡、薦、委任三官等之下，每一官等再區分爲三階，共計九階（必要時且得另設副階），每年最優只能晉陞一個俸級，且每三年需總考一次，列一、二等者始能晉階，列三、四、五等者不得晉階。列一等人數限三分之一。此不僅使三個官等實際變成九個官等，且三十六個俸級加上停年之年資，而變成自最低之委任十五級晉至最高之簡任一級，常需逾四十年始能完成。此種在官等下再設階之制，受到公務人員普遍批評抱怨，於民國五十二年廢除。另如全世界通行之軍官官制，於將、校、尉之下，復有上中少之分，此即軍中所稱之三階九級制度，九級實際即爲九個官等。有若干國家，甚至更另增加准將與准尉兩階，而構成三階十一級。

官等數目多少之情形，已如上述。至於如何決定官等數目之多少，所涉因素頗爲複雜。茲舉下列二項以明之：

(1)平時與非常時期有別：在革命時期、亂時、戰時、或中興開創時期，均因急需用人，急需從速提拔人才，故官等宜於簡化，以利迅速陞遷人才，使能早負大任而蔚爲國用，故不宜官等太多。縱有太多官等，亦應有明定條件或特別程序之「破格用人」與「破格陞遷」規定，以適應特殊需要。

但若在平時，則情形迥然有別。爲資歷練起見，並配合人生精力與健康可以任事之年齡期限，自二十五歲以至六十五歲大約最多四十年之期，爲期使其年年有望，而又不至於迅速即可到達官階頂點起見，故必須將等級之設置，區分較細，使其逐步陞遷，從少年以至老年退休，大致恰好走完公職之全程。以簡薦委制爲例，假如一學生於二十三歲大學畢業，服二年兵役，再高考及格，訓練一年，經一年試用（以上合計四年），並假定其一路順風，每年晉俸一級，且每至必要時，即可更換較高職等之職務，則自薦任最低之第十二級，及自簡任之第九級，晉陞至最高之簡任一級，每年一級，共計二十一級，加上薦任陞簡任時之停年二年，合計最少需二十六年，此時此人已近五十歲。再舉一例，假若一青年於十五歲國中畢業，服兵役二年，經丁等考試及格進入政府工作，若亦一帆風順，且中途必要之考試亦順利過關，則其自十五歲國中畢業，二年兵役，丁等考試及格後訓練一年，試用一年，而後高考及格後訓練一年，試用一年（或依法免除一年之試用），以及每年晉陞俸級一級，加上薦任陞簡任之停年二年，則其到達簡任一級時，中途合計需四十三年（或四十二年），此時已經五十八、九歲。以上二例，均係就最理想如意之情況而設想計算；但事實上，較少有人能如此一帆風順，且無他事延誤，而得以年年陞遷，且於必要時即可更換較高等級之職務，以迅速到頂者。何況縱然到頂，亦仍可繼續工作至退休。在平時，如果人員陞遷太快，缺點甚多：第一、名位易得，易啟人員輕視之心。第二、易使高級人員之實際歷練不足。第三、人員迅速到達頂點後，易倦於工作。第四、競爭過於激烈。基於以上分析，故我國歷代以至於今，無論其採用之名稱爲何，但其實際之等級偏向從繁，殆爲事實。

(2)應與運作制度配合設計：等級之多少，其本身誠有其一定之價值；但若在運作制度中作適當之配合設計，則常能改變基本結構原始設計之利弊。以九品制爲例，官等區分已細，如據以每一品均設定有一考試，而成爲至少有九個品位之考試，則無論在理論上或事實上，均甚有困難。例如命題，究應如何切實辨別每上下兩個品等間在命題難易程度上之細微差別？又如任用制度，如亦配合其眾多之官等數，而使人員每晉陞一個官等，即必須經過一個品位之考試，則必窒礙橫生，而不利於國家用人及培養人才。所幸九品官等制不僅無九個品位之九次考試，且僅有單純一次之科舉考試，即可授官；低品位且不需考試即可授官。以後之陞遷，則不再需要經過任何考試。

但在此同時，亦可舉述一情形完全相反之實例，即來自西方之職位分類制度。在職位制度中，我國將常任文官自最高以至於最低之全部職位，區分爲十四個職等。依據其原始理論，應爲每晉陞一個職等，即必須經過該職等之考試，用以確切測定其任職之能力，始爲合理。但我國雖未有十四個職等之考試，卻仍有八個職等之考試，仍引起用人晉陞之重大障礙。職等雖非官等，但其實質意義與官等有若干相近之處，故可引以爲證。

另有一例，恰好介乎九品制之僅有一次考試與職位分類之有八個職等考試兩者之間者，即簡薦委制度之考試，有簡薦委三個官等四級（甲、乙、丙、丁）之考試，不過多，亦不過少。且若符合法定條件時，薦任陞簡任之考試，亦可以省略。形成僅有兩個官等三級（乙、丙、丁）之考試。但經丁等考試及格任委任職，可無需經丙等考試而晉陞至委任一級；但需與經丙等考試入仕人員相同，必經乙等考試晉陞薦任職。故實際上，在其常任事務官生涯全程僅有兩次考試。而獨立學院以上學校畢業經乙等及相當等級考試及格入仕者，實際則不再有第二次考試。形成僅有一次考試。

3. 政務官應否區分等級：此語初聽之下，似覺生疏。實則我國之政務官已有等級之存在，但未明白標示而已。就民國八十四年實況而論，計爲院長級、副院長級、部長級、政務次長級、部內委員級，以上共五級。已於本書第五篇「論我國政務官制度」一文第一節中說明。現所應考慮者，爲究應予以明文區分等級，抑或無需明文規定？明文規定之利，在便於配合規定不同之俸給，以及其他種種權利義務；其弊或許爲將等級明顯見諸條文，有所不美。

乙、再論職等。

1. 政務官當然不納入分類範圍：職位分類制係美國所發明，自始即僅以事務官職位爲分類之範圍，而不涉及政務官，自屬得當。故此爲一不成問題之事項。

政務官之所以不納入分類範圍，乃由於政務官爲高級通才，其工作性質與責任在決定政策，所牽涉者至爲廣泛，故不應爲之設定職等，亦不宜以考試進用；亦不應固定爲何一職系。且縱然勉強賦予一職系，但由於政務官應調任自如，不應受職位工作性質之限制；則縱使有一職系，亦無實際意義。另一方面，其所負者爲政策成敗之責，此種責任，不能由人事管理人員以管理技術評定，而應由選民或長官作綜合之評定，故不納入分類範圍應爲正辦。

2.職等數目之決定：職位分類制度特性之一，爲職等區分細密，故職等數目較多。美國聯邦政府之職位分類，區分十八個職等。我國公務職位分類則區分爲十四個職等。大致而言，其他各國職位分類區分均在二十個職等以下。

職等與官等之性質不同。官等係以人爲本位，按人員之資格條件以定其品等。至於其所任職務之高低，則不影響其品等之高低與持有。但職等則係以工作爲本位，依職位上之工作責任，以定每一職位等級之高低，故稱職等。在同一職等上任職人，無論其所具之資格條件如何，均仍依此職等支取同等之俸給；而同一人員，無論其所具資格條件如何，當其擔任某一職等之職位時，即支該職等報酬；擔任另一職等之職位時，則改支該另一職等之報酬。

雖然如此，但事實上，由於必須具有何等任用資格之人員，始可以擔任何一職等之職位。因此，職等之高低，乃與人員資格條件之高低密切配合。致使任高職等職位之人員，亦即具有高資格條件之人員。於是，所稱職等也者，立即轉變爲與官等意義相仿之物。故當施行職位分類制度時，常稱某人爲第幾職等之人員。就制度言，此係一種錯誤用詞；但就事實言，則名實暗合。

基於以上說明，職等之設置，所應予注意之原則，有若干與官等相同。但有一事不同者，即職等之下，絕不致再有次級職等之設置。因此，職等數目之決定，應不需考慮模仿簡薦委制，而在其下再設官階以取代次級官等。故我國前職位分類制度列十四個職等，以至於其他國家之有十八個職等，原則上應不爲過多。猶如我國歷史上九品制之實際有三十個品位，情形相同。

但在實務上，職等數目之決定，亦類如官等數目之決定，至少受下列兩個因素之影響：

(1)平時與非常時期有別：簡言之，職位分類實爲一平時社會所產生之制度。由於其出產地之美國本土，自一百餘年前之南北戰爭以後，即不再有戰爭。故美國本土未受到任何戰爭破壞影響；因此，美國實爲一長期之和平社會，故可採行職位分類制度。但由於其基本結構及運作，均至爲複雜細密，故決不宜於非常時期用以提拔人才。

(2)與運作制度有關：職位分類在我國成爲詬病者，職等考試之等次太多爲其原因之一。經簡化後，且仍有八個職等之考試。若能如現行之人事制度，改採三個或四個等次之考試，甚或如八十五年修正公布之「公務人員考試法」所定之五個等級考試，且雖有五等，但非每級均必需考試及格始可晉陞，則窒礙必大爲減少。他如在任用、陞遷、調任上，如予以簡化，亦必大大減少其窒礙。

3.職等與官等配合建制運作：我國將簡薦委制度與職位分類制度合而爲一，建立稱爲官職併立之新人事制度，乃爲舉世從未曾有之發明。其對職位分類制度所產生之重大意義之一，爲將職等之性質，轉變爲次級官等。亦即在簡薦委三個官等之下，配以職等，使之形成略如我國前於民國三十八年公布施行之「公務人員任用法」所定，在每個官等下各有三個官階（三年總考列二等以上者，可取得晉一階資格；列一等則必予晉一階。此與兩年考績均列甲等即可晉一職等，大同小異。詳見本文前述）。對於此種情形之職等，現制實際運作之規定爲：在同一職等上，每連續二年考績列甲等者，或連續三年考績列一甲二乙者，均可取得晉陞一個職等之資格；運作似尚合理順利。至於晉陞官等則原則上應考試；唯陞簡任亦得依另有附加條件之考績途徑行之，不再如簡薦委制度時之按逐年晉俸一級，到本官等最高俸級後若干年，即可取得晉陞高一個官等之資格。

丙、最後論俸給。

1.俸給之意義：俸給之意義至少有三：一爲表示責任之交付。二爲表示對工作之報酬。三爲對工作人員之敬意。而當一工作人員在同一管轄權力下繼續工作時，俸給應隨時間之延長而增加，亦即應定期晉俸。其理由如下：一爲對其繼續工作表示感謝。二爲對其工作期間內所累積經驗表示尊重。三爲隨其工作年月之增加，而協助逐步改善其生活水準。

由於人員並非每年均能陞遷，而常停留在同一個官等甚或同一個職等上，故每一官等或每一職等，必配合設置若干個俸級，以利按年資晉俸。人員所持有之官等或職等，亦即其在官僚體系中之地位，本不因晉俸而有所改變；但由於若干制度之官等結構過少，在同一官等中，高俸級人員與低俸級人員兩者年資與聲望均相差甚遠，以致俸級之性質有時轉變爲次級官等時，無形中有時使晉俸亦有地位晉陞之含義，已見前述。例如稱簡任一級或薦任一級時，即隱隱含有地位之意味，表示無形中之地位遠高於初級簡任或初級薦任。

2.俸級數目之決定：所稱俸級數目，涵意有二：一爲每一官等內所有之俸級數目。二爲所有官等俸給之總數。茲分述之。

就前者而言，由於一般陞遷制度大多規定，人員應於晉俸至本官等之最高俸級後，始可晉陞官等。故當俸級數目較多時，則晉陞官等較慢；反之，則較快。故原則上，應視時代之需要，配合斟酌適當數目之俸級。

但當人員陞遷不易時，爲期其能不過於灰心，以利久任起見，每一官等之俸級數目，以較多爲宜。尤其當晉陞官等較爲困難時，俸級數目更應較多。例如我國行之多年之交通事業人員人事制度，其俸表係採梯形重疊式，在其六個資位中較低之高員級、員級、佐級及士級等四級，每級之俸級數目，均超過二十之數。且士級之最高俸級，可達相當員級之中等俸級地位；高員級可達相當最高資位業務長級之中等地位。此所以郵電工作人員，能安於其位而少更換工作。例如郵電高級長官，均出自其內部人員陞遷任職。每當新任命一郵電總局長時，外界常覺生疏而不知其出身。實則每一位均係其內部積資累遷養成之本行專家。至於其最高級之長級與副長級之俸級，亦均各有十餘級。當採此種長俸級制度時，則不應規定必需到達本官等最高俸級後始可晉陞高一官等。

在官等數目較多，且晉陞官等較易之制度中，則俸級不宜過多。在官等較多之制度中，如更配合運作制度之設計，使之陞官等較易時，則俸級可較少。例如職位分類制度之俸級，每一職等僅有本俸五級。

俸級數目之另一問題爲，全部俸級總數應有多少。對此，應與人員終身可奉獻於此一管轄權之年月配合考慮，於減除重疊部分後，大致應爲三十五年以至於四十年。故俸級總數亦應爲此相當之數，使其在此四十年之工作期中，大致每年均有晉俸之可能。例如簡薦委制之直式俸表，共有三十六個俸級；交通事業人員之梯式俸表，共有四十八個俸級。如欲使每一官等均能有長俸級表，則當然必須採梯式重疊法。

以上所述，均係有關官等、職等及俸給三事之最基本原則。此三事頗爲複雜，絕非以上戔戔數語之所能盡。本人僅略發其端緒以述之，以供有志於此者參考。

（三）職務列等之基本原則

我國自古以來重視用人，國家對人才亦甚尊重。所採人事管理制度，均以人為中心。歷代人事制度無論如何變革，此一本質則從未有變。相沿至民初，猶創行以人為中心之簡薦委制度，依各個官員個人所具之資格條件，以定其品位之高低，區分為特任官、簡任官、薦任官、與委任官。此類以人為中心之人事制度，現代西方人事行政學者，統稱之為「品位分類制度」。所重者為官員之官等。

及至民國五十八年，我政府採行來自西方之職位分類制度，不以人為中心，而改以工作為中心。於是，始有職等、職系之名稱。

職位分類制度中最重要或許亦最複雜者，為職等系統之設計製作，以及職位列等之過程，因職等直接決定人員地位之高低與利益，並影響俸給之多少。有關職等之製作過程一節，因涉及複雜之技術問題，為討論職位分類制度書籍所詳述，故在此姑且不談；至於職位列等之原則，則罕見討論。現仍僅就本人淺薄經驗略述數端，以供參考。

依職位分類原理，掌有人事制度權力之機關，應依其事先已決定之工作評價因素，將每一職位予以評價。我國當年所採者，有八個因素，當時人事人員習稱之為「八大因素」。至於評價之方法，美國早已發明七、八種之多，均係於評定後，對每一職位給予一個評分，再看此評分係在何一職等分數範圍之內，即決定此一職位爲何職等。此一過程，稱之爲職位列等。如另加上評定其職系之職位歸系手續，則合併稱之爲「職位歸級」。

民國七十六年元月，我行政機關實施官職併立之新人事制度，其中仍保存有部分職位分類之設計在內，仍有職等與職系之使用，但已廢除工作評價，而改依「機關層次、業務性質、及職責程度」（見「公務人員任用法」第六條），以評定職務之等次。其中且將「機關層次」列爲第一優先條件，已與職位分類之採用八大因素大有不同；另因新制已廢除職級，並將「職位」一詞改稱爲「職務」，故上述列等之過程，乃稱之爲「職務列等」。

辦理職務列等時，有若干原則必須注意：

第一、應先確定最高與最低職等之代表性職務爲何。例如我國之最低職等爲委任第一職等，其代表性職務爲書記；最高職等爲簡任第十四職等，其代表性職務爲常務次長。

第二、應確定關鍵性職務爲何。此種關鍵性職務，至少應有三個，有如三點始能構成固定大小與固定地位之一圓，不致變形；如在此三點之餘，另再以此三點爲標準所形成之圓線上，增加數點而成四個或五個關鍵性職位亦佳，但亦不宜再多，以免過於僵硬。例如我國之關鍵性職務，原爲薦任第七職等之課長、薦任第九職等之科長、簡任第十二職等之司、處長，以及簡任第十四職等之常務次長。

第三、關鍵性職務實爲整個職務列等結構系統中之坐標，全國一致。例如科長一職，無論其在總統府或縣市政府，均統一列爲薦任第九職等，不因機關層級不同而有所不同。又關鍵性職務不宜跨等，以免有跨列兩個職等時，得左右搖擺，而產生位置不確定現象；故必須列單獨一個職等，以資準確。

第四、其他非關鍵性職位，應視其職責輕重，分別序列於諸此關鍵性職位之上或之下或相同之職等上。依「公務人員任用法」規定，職務列等應有機關層級之別。故同一職務，例如專員，其在中央院部機關者，與其在省市政府機關者，因所在機關層級之不同，而分別列於不同之職等。

第五、原則上，機關長官以及機關內部單位主管職務以不跨列兩個職等爲宜。

第六、進行列等時，應請職務所在機關之代表與會，俾可提供有關實況之說明。必要時，亦得請其表示意見，以供參考。但應注意，切勿受其本位主義之影響。

第七、不同性質之機關與職務，可能有不同之傳統或其他特殊因素，應加考慮。故「公務人員任用法」將「業務性質」亦規定爲列等之次要考慮因素。例如司法人員，即與一般行政機關人員有所不同。此一事例，可供參考。但與其他人員相較而過於懸殊，則非所宜。

第八、適用官職併立新人事制度之人員，全國十餘萬人。均按機關層級，對各職稱，一一予以列等，彙集製成「職務列等表」。此一列等表內部共同構成一套彼此有關之列等體系。相互之間，有其適當之平衡關係，不應隨意輕率更動，俾維持其穩定性。由於稍有可能時，人員無不竭力設法，以求提高其列等。故執事者切不可因一、二機關或一、二人員之強力要求，即予以變更列等。因列等之高低，涉及人員之利害者至切。

以上爲職務列等之概要。略述於此，以供研究者之參考。

(四) 論省市政府四處長之任用權

1. 法律對政務官與事務官之區分

行政院及所屬內政部及人事行政局、考試院及所屬銓敘部，與臺省及北高兩市政府，三方面之間，對北市政府人事、主計、政風、警務四處處長任用權，分別各有不同意見，有待解決。解決之途徑，唯有「依法」探討。

依據「直轄市自治法」第三十條第三項規定：「市政府一級機關首長職務均比照簡任第十三職等，除副市長一人、主計、人事、警政及政風主管由市長依法任免外，餘由市長任免之。」其中所稱之「副市長一人」，參諸同條第一、二兩項所定，係指副市長兩人中職務「列」簡任第十四職等之一人而言。因另一副市長之任用程序，已明定係「由市長報請行政院備查」。

依「公務人員任用法」第一條規定：「公務人員之任用，依本法行之」。又第五條規定：

「公務人員依官等及職等任用之。官等分委任、薦任、簡任。職等分第一至第十四職等。」現直轄市自治法三十條第三項所稱之「副市長一人」，既爲「列」簡任第十四職等，自係「公務人員任用法」所管轄之公務人員，亦即事務官無疑。又第三十條第三項將市府一級機關首長均規定之爲「職務比照簡任第十三職等」，既稱「比照」，亦即無官等無職等，只是「比照」而已。依我國人事及機關組織法規通例，凡稱「比照」者，均爲政務官。例如行政院公平交易委員會組織條例規定，其委員職務均爲「比照」簡任第十三職等（之政務官）。故市府一級機關首長均爲政務官亦無疑。

「直轄市自治法」第三十條第三項首句已概括規定一級機關首長均爲政務官，第二句又將事務官之副市長與之合併規定，顯屬立法技術之錯誤。但此一錯誤並未能變更一級機關首長均爲「比照」簡任第十三職等政務官之明文規定。

法律對市府政務官與事務官之區分，至爲明確。

2.「直轄市自治法」條文文字之粗糙矛盾

依上所述，兩市府人事、主計等四個處的處長，當然亦包括在法條所定「比照簡任第十三職等」之政務官範圍之內。但第三十條第三項文字，隨即又將所稱之「一級機關首長」區分爲兩類，分別作如下不同敘述之規定謂：「除副市長一人、主計、人事、警政及政風主管由市長依法任免外」，及「餘由市長任免之」。此顯然表示，條文之文字，在明定此一爲事務官之副市長與爲政務官比照簡任第十三職等之四位處長，均委由市長「依法」任免。而所謂「依法」，依人事行政局說法，係指依「人事管理條例」、「主計機構人員設置管理條例」、「警察人員管理條例」及「政風機構人員設置條例」而言，因此四種法律，對此四個機關首長之官職等級、任用資格、任用程序，均有所規定，其任用權屬中央各該主管機關。人事行政局並引用憲法第一〇八條規定：地方官吏之任用，係屬中央立法及中央執行之事項。故權在中央云。

按諸舊制，省府各廳處中之各廳廳長均不列官等職等，而由「比照」簡任第十三職等之省府委員兼任，故均爲政務官，各處處長則均不由省府委員兼任而職務「列」簡任第十二職等，故均爲事務官，並分別依上述「警察人員任用條例」等四種法律及「公務人員任用法」任用。此種往事，似乎深入參與省市自治法立法各階段人士之心中，而將之視爲一種人人皆默許認可之確定解釋；所惜當其以法律條文規定時，所使用之文字則十分簡略模糊。一方面既言均爲比照簡任第十三職等（故均爲政務官），同時另一方面又特別作不同之措詞，謂由市長「依法」任免，似乎隱隱指述應依「人事管理條例」等法律及「公務人員任用法」任免，以示其與「由市長任免之」之政務官有別，且以爲如此即已將之剔除於「比照簡任第十三職等」之外，而已定其爲事務官。殊不知凡事務官，均應同時明定其官等職等，本法中卻未爲其訂定官等職等，故其「由市長依法任免」一語乃成爲一無意義之立法贅文，且形成與上文相互間之矛盾。近年立法條文體例與文字之粗糙，比比皆是，此又爲一例。

3. 應依法執行

但法律畢竟爲法律，既經明文規定授權市長依法任免此四處之處長，且市自治法又係在「人事管理條例」施行多年之後，所公布施行之後法，同時至今爲止，尚無政務官任免法律之存在，則依據後法優於前法之法則，市長自得逕行依據「直轄市自治法」本身之規定任免此四處之處長。此種行爲，符合憲法第一〇八條「由中央立法並執行之，或交由省縣執行之」之規定。因中央已採立法授權方式，在「直轄市自治法」中將之交由市執行矣。若有人認爲省市有別，不適用一〇八條，則改引用憲法第一一八條「直轄市之自治，以法律定之」，自更無問題。

臺灣省有關此四處長職務之法律規定與市相同，情形亦相同，故不另論。

4. 解決爭議之途徑

行政院人事行政局依據各該有關任用法律所作之主張，自有其道理。依據憲法各有關條文所規定之均權主義，人事權純屬中央之權力。人事、主計、警政、政風四者，無論其職權何屬，但其人事（包括首長之任用）則仍屬中央。此種規定，自有其施政效能上之必要。但現行省市自治法律既規定如上述，則中央似只有依法交由省市執行。

問題種因在法律文字之不當。

若中央認爲如此不妥，似仍應依法考慮是否可循下列途徑之一謀求解決：

一、修正省市兩自治法律有關條文。

二、依據憲法第一七三條規定，及第一七二條規定，送請司法院解釋。

(五) 不應設置省政委員

臺灣省政府在與考試院方面之爭議中，主張置省政委員十一至十五人，以及置秘書長一人，職務均比照簡任第十四職等（亦即均爲政務官），自有其事實上之需要，可以瞭解。所持理由中，亦有部分正確，但仍有部分可以討論。

茲依法依理以談具體問題。

就法而言，「省縣自治法」並未規定省應置或得置政務官之省政委員，一如直轄市自治法之未規定市得置政務官之市務委員。無法律依據而省市得置之，則縣市又何嘗不可置之？則省市又何嘗不可進一步設置法無明文規定之其他特任官甚或設置部會？故省置政務官之省務委員爲於法無據。

政務官爲重要官員，必須以法律置之，不得母法無明文規定而以行政命令置之。至今爲止，我國此前尚無於法無據而以行政命令置定之政務官，而必係以法律定之。此所以「省縣自治法」第三十五條第一項對重要官員副省長二人，一人爲政務官，另一人爲事務官，均予以明文訂定。

就行政道理而言，省長爲首長制之首長，已非舊制委員會制之主席。省務固屬繁重，所以現制爲之設有政務與常務之副省長各一人，以及秘書長、副秘書長，均係輔助省長。若謂仍需更多人員分勞，自應加強幕僚人力。充其量，置若干省政諮詢委員（事務官）足矣。依我國演進至今之行政習慣，中央部會之參事即可召集司長開會，科長即可代表機關視察檢查下級機關業務，則副省長、秘書長爲何不可召集各廳處長集會？副秘書長爲何不可召集廳處副首長或科室主管開會？如有專任之高職位事務官之省政諮詢委員三、五人輔助，則尤爲方便，有何不宜？

至於秘書長之職位，屬於幕僚組織之首長。就理論而言，幕僚長性質爲執行官員，根本即不應列爲政務官，本書第五篇「論我國政務官制度」一文中已有說明。中央政府部會以上機關，不乏將秘書長定爲政務官且爲特任者，於體制實有欠合。但由於均各有其法律依據，只好依法行之。現「省縣自治法」已明定之政務官並無秘書長得或應列政務官之文字，如欲以組織規程予以補充規定，自有未合。其理由同上述省政委員之不得以行政命令置政務官同。

以上純係就現行「省縣自治法」規定本身，以及在規定範圍內之理論而言。至於中央或省認爲「應該」如何方屬妥善，則唯有修法（不是立規），或依憲法規定，請司法院（大法官會議）解釋之。

此純粹爲一個法律問題，千萬不可泛政治化，尤其不應涉及現實政治。

九、威權政體下人員之非正式組織

威權政體係民主政體與極權政體兩者中間之一種政體。有表面或形式為民主政體，但實質卻為威權政體者。近年國人習慣於將我國二位蔣總統時代稱為威權政體時代；他如多年來之南韓政府，以及自李光耀執政以來直至於今之新加坡政府，亦均被一般學者視之為威權政體。此種政體，通常均有其強有力之客觀原因促成，決非執政者個人獨力所能達成。

當一國政府之實質為威權政體時，在政體直接強烈影響之下，其政府各部門以及政黨，亦必受其影響而顯現若干特徵。就其整套政治機器中人員之相互關係而言，極容易促成人員作非正式結合（即非法定關係結合）。此種結合，我國政界俗稱之為「小組織」，亦即派系。此種派系，與選舉密切關聯之地方派系有時重疊，有時不重疊。派系之特點，依個人觀察與體驗所得，大概可歸納其要項，作如下之敘述：

(一)實際領袖：此種非正式組織，較少以政見或主義為結合要件者，而係以所效忠之個別政治人物為中心，亦即以本組織之領袖為中心之組織。此種非正式組織，與政黨有別，通常多為附屬於政黨內部之派系；偶亦有跨政黨或不固定屬於一政黨者。無論執政黨或在野黨，派系領袖即爲其實際領袖。派系領袖均對本黨領袖負責。

(二)精神領袖：在整套政治系統各部門人員中，屬於在野黨或在野集團之人員，通常即以本黨或本集團領袖爲其精神領袖；至於執政黨或執政集團之人員，在一般情形之下，於其小組織領袖之上，更另有精神領袖，且通常多以其威權政府之實權執政者，亦即本政黨實際領袖，爲其精神領袖。

(三)有形組織或無形組織：此種非正式組織，有時爲公開、有形、且有名稱，甚至在必要時，有極少數更依法在政府辦理社團登記，惟名稱常與其實際内容不符，以掩飾其實質；但通常則對外不具有形組織，且避免公開名稱。但一待其組織成形而爲眾人注意後，政界必定爲其代取一名稱。

(四)長期掌權或長期存在：執政黨實權執政之領袖亦即派系之精神領袖，通常均能掌握及運作多種關鍵性政治力量，以維持其長期掌握權力之地位，故此種派系小組織亦賴以長期存在。至於在野黨派之領袖，亦常能運用其可用資源，以維持其組織集團本身之長期存在。

(五)非正式組織内部關係形態：在精神領袖之下，常可能有二個以上不同之派系領袖同時存在。在每一派系領袖之下，有眾多之次級領袖，各皆分別直接對其派系領袖負責。在各次級領袖之下，有再下層之再次級領袖，並分別向其頂頭之次級領袖負責。在各再次級領袖之下，仍有又次級領袖之存在。此種不斷往下發展之再次級組織及領袖，其層次之多少，視實際發展情形及實際需要而定。

（六）非正式組織體形有如倒立之大樹：依上述情形所構成之整個非正式組織結構，其形體有如一倒立之大樹，在其頂端之根幹爲本派系之實際領袖，其下則爲逐層分枝發展而成之各個小集團。此種形態。又有如一金字塔，或有如目前在臺流行之所謂老鼠會組織。

（七）全國性及地方性組織：此種組織，有全國性者及地方性者兩種。究爲何種，由客觀環境及派系領袖個人之條件而定。在實行選舉制度之國家，此種組織常與地方勢力結合，以爭取選舉勝利。

（八）非必配合正式行政組織：非正式組織固然難免遭受例如政府機關正式組織之影響，而與之有某種程度之配合，以利發展，但決不受正式組織之影響或限制，而係自然發展。事實上，配合地區發展之情形較多。

（九）成員對所屬小集團最忠心：在此非正式組織中，全體人員固然尊奉實權執政者爲精神領袖，但此一精神領袖與整個非正式組織各個成員相互之間，熟識之程度不一。故每一成員所最忠心之對象，爲本派系下其所屬之小集團及小集團實際領袖，而後始推而及於較上層組織。

（十）整體內各次級組織相互間關係複雜：幾乎與所有團體所表現者完全相同，團體內有派，派內有系。在此種非正式組織內，同層級各個次級組織及同層級各個再次級組織小集團間之相互關係，亦頗爲複雜。一般言之，大概愈至下層，則愈爲複雜，而呈現各種不同之繁複樣式，或合作，或鬥爭，或若即若離，不一而足。當其相互間發生摩擦與鬥爭時，其摩擦與鬥爭程度，愈至下層，亦愈爲激烈。此爲一重要而明顯之特色。

(十一)利害關係爲團結之第一要素：此種非正式組織關係，至爲親切嚴密。其維繫團結之最重要方法，以利害關係爲第一要素。亦即遇有權力或職位機會時，必優先考慮本小集團人員，務使分享；另一方面，遇有本小集團人員犯有錯誤時，本小集團必盡全力給予維護與救援，以維護其領袖及本小集團之良好形象。但其所犯錯誤，如爲有損本小集團利益或聲譽時，則非正式組織內部所施予之懲罰，通常甚爲嚴厲。

(十二)道義爲團結之第二要素：此種非正式組織，維繫團結之第二重要因素爲道義。集團中之成員，如能始終表現其忠誠；或曾對組織有何貢獻；或爲組織曾付出大小犧牲；或盡忠國家，足以提高本組織榮譽者，本組織之領袖，定必在精神上，在態度上，在實務上，對之表示其應有之敬重。且本組織必定有所酬報。

(十三)利弊參見：此種派系組織，對國家之影響，可謂利弊參半。其最大之利益爲：1.派系之團結力，較正式組織爲強。此種團結後之派系，經由派系關係轉而向國家實權執政者效忠，有助國家團結者至多。2.有助行政效率之提升者至多。因派系內成員常爭取表現，以博取本派系之欣賞。故對其所從事之職務上工作，特別努力。3.組織內之成員，爲博取組織對其欣賞，常能特別表現其對國家之忠忱。4.組織內之成員較有安全感。因參加此種小組織之政府工作人員常能獲得組織對其格外之保護，故能增加其安全感。5.使最高精神領袖，在同屬於其掌握下之各個派系，便於運作其相互牽制手腕。至於其缺點，主要如下：1.各個派系之間，常互相鬥爭，使國家力量抵消。2.非正式組織常常只問組織關係與組織利害，而不問是非，有時甚至包庇其成員爲非作歹，敗壞風氣。3.阻礙國家進步。4.偶有不忠於其政黨甚至不忠於其國家之可能。

非正式組織之所以能盛行，且絕大多數人士樂於參加，其最大原因之一，在其一經參加後，其個人一切行爲價值，可獲得額外增加。其工作價值，不僅爲國家、爲政府、爲長官所承認，且更爲其所屬之非正式組織承認。最大原因之二，在其可獲得政府所不能給予之額外保障與救濟。因在必要時，非正式組織必將爲其出面處理有關事項。

在非威權政體之下，此種額外增加之工作價值，不僅無從產生，甚至其原有之價值，政府亦甚少有人予以銘記者，其長官通常亦甚少有何感謝表示。因爲一般長官常認爲，努力工作，原係公務人員應爲之本分事項，似無庸由機關長官個人予以領情之必要。誠如老公務員所言：「大家都是替國家做事。」個人之忠忱及工作績效，常無人瞭解，更無人認帳。

至於在民主選舉制度之下，爲進行爭取選票，而有我國所稱之地方派系與樁腳組織，於選舉結束後，且仍維持與選舉期間相當之親密關係。此種情形，粗淺視之，頗類似前述之非正式組織，但實際並非全似。在此姑不詳論。

十、銓敘功能之實際

銓敘一詞，為我國文化觀念下之特有產品，非西方國家人事行政學術及實務中所有。故若譯成英文，甚難有恰當之詞可以準確妥切傳達其原意。我國文化傳統，以儒家為主流，而儒家重名，故謂：「必也正名乎！」又謂：「名不正，則言不順。言不順，則事不成。」又謂：「名器不可輕易假人。」銓敘一詞，實出自此一重名觀念與人文精神。

所稱銓敘，即「銓」衡「敘」（序）列其資格地位與名位之意。乃為人文主義思想下之正名制度，並不直接涉及物質報酬。孟子言：「何必言利？」即是此意。至於應給予官吏報酬，固為當然之事，毋待多論，故我國自古以來，幾乎從無士大夫公開正式討論金錢與報酬之事。歷朝設有吏部，任官均重品位，對品位辨別甚細。至清末因有意革新，擬廢吏部另設敘官局以司其事。稱敘官局而不稱人事局，其意仍在重視敘品等定官位也。此與人事行政不以品位為要務，所重者在報酬與待遇，顯有不同。

本文對有關銓敘一詞所涵精神之種種說明，不僅西方人事行政界人士難以了解；縱係我國現代人士，恐亦多有不了解者。如欲將銓敘一詞改用現今白話文二、三字予以代替，亦甚難妥切恰當。

上述情形，影響甚大。憲法上及人事法律上所稱之銓敘一詞，常人對之因不了解而有誤會。筆者認爲實有予以解釋澄清之必要。本文所作澄清與說明之要項如下：㈠何謂銓敘？㈡銓敘與任用有何區別？㈢銓敘與考績有何區別？㈣如何貫徹銓敘功能？㈤考試制度如何協助鞏固官品與名位？本文所述，範圍在此。

（一）銓敘與任用有別

常有人不明瞭銓敘爲何意，亦不明瞭銓敘與任用之區別。

我國憲法第八十三條原規定之考試院職掌，經予明文列舉者爲：考試、任用、銓敘、考績、級俸、陞遷、保障、褒獎、撫卹、退休、養老等十一項（現增修條文第五條已刪除其中養老一項，並將「任用」改爲「任免」）。另「考試院組織法」各條所定，考試院所屬兩部，分別名爲考選部與銓敘部。依兩部組織法整體內容綜合規定，兩部職掌分別爲：考選部掌理憲法所定考試院各項職掌中考試一項，銓敘部掌理其餘十項。但「銓敘部組織法」第一條所定有關職掌之概括措詞則爲：「銓敘部掌理全國公務員之銓敘及各機關人事管理機構之管理事項。」

細閱以上敘述，顯示各條文相互之間有一涵義上之差距存在。即銓敘一詞，究何所指？若就銓敘部之名稱及其組織法第一條及其他各條條文所述觀之，銓敘一詞係概括憲法第八十三條所列舉十一項中考試一項以外之其餘十項而言，或憲法增修條文第五條所列舉十項中考試以外之九項而言，亦即任用一項亦在銓敘一詞所包括範圍之內，並非與銓敘一詞平行之另外一物一事；但若就憲法第八十三條所列舉之十一項而言，則銓敘與任用及其他各項既然並列，又證明銓敘與任用顯然為二事。

然則，究竟為一事抑或二事？

銓敘與任用，當然為二事。但在必要時，例如為掌理憲法所列舉之考試以外十項職務之一個部定名時，既不可能將其十項均予列舉，自唯有取其差強可以包括或代表之名詞「銓敘」以名之。因在此十項職掌之內擇一為名，則「銓敘」一詞，確最恰當。且其涵義較有概括性，亦較重要。

我國文字，本係同音通義。銓者，權也，亦即權衡之意。敘者，序也，亦即序列之意。此二字自古即有連用於政府官制與人事管理事項之例，表示係就公務人員個人所具之資格條件，予以「權」衡，以別其輕重；而後更予以「序」列先後高低，以利管理。所以銓敘者，亦即權衡人員之資格條件，依法序列其品位之高低，核敘其薪俸之多少，定期權衡其工作成績之優劣而序列其品位之高低，分別予以不等之獎懲。此外，其他類此有關人事管理事項之評核工作，亦均在權衡序列範圍之內，而屬於銓敘工作。

所稱銓敘工作，目前在實際執行時，亦即銓敘審查工作。銓敘審查工作中，以任用審查爲最重要。而任用審查之實質，爲對各機關送來，已先依法派代職務人員之資格條件，從事是否合法之審查，並確定其品位等級之高低與俸給之多少，銓敘部並非主動事先得有所作爲。

以上所稱定品位之高低，與任用有關，但非任用。所稱核敘薪俸之多少，即爲敘俸。所稱定期權衡其工作成績，並予以獎懲，即爲考績。舉一反三，其他人事管理工作，莫不如是，而均在銓敘範圍之內。

就政府行事而言，所稱任用，主要內容有二：1.就法定範圍內人員中，物色、選擇與指派何人擔任何一職務。2.依法予以任命之。依我國制度，此兩項行爲，無論在法律規定上或實際作爲上，從來均不在考試院權責範圍之內，故亦非銓敘部享有之權責。上述第一項行爲，其權力係屬於各用人機關。現行「公務人員任用法」第二十四條規定：「各機關擬任公務人員，得依職權規定，先派代理，於三個月內送請銓敘機關審查；經審查不合格者，應即停止其代理。」此外，任用法其他諸多有關任用人員程序之條文，亦均係以各機關爲主詞，表示諸此行爲，均屬各機關自主之事項，並非考試院或銓敘部得予擬任之事項。至於上述第二項行爲，則係總統之權力。依憲法第四十一條：「總統依法任免文武官員。」而所依之法，即「公務人員任用法」。該法第二十五條規定：「各機關初任簡任各職等職務公務人員，初任薦任公務人員，經銓敘機關審查合格後，呈請總統任命。初任委任公務人員，經銓敘機關審查合格後，由各主管機關任命之。」請注意，此一條文中，僅謂「經銓敘機關審查合格後」，並未規定係由銓敘機關呈請總統任命，更未規定由銓敘機關任命，而係由「總統任命」。另依此任用法之施行細則第二十四條規定，乃係（立法授權）由各該主管機關呈請總統任命。上述有關各機關自行用人，僅需於定期內送銓敘機關審查即可之規定，遠在我中華民國第一部（亦即民國十八年十月二十九日公布之）「公務員任用條例」中，即已有之。

以上為法律規定，實際亦係依此規定行事。故銓敘部自始即不曾享有公務人員任用權，而僅有公務人員任用資格之審查權。此種審查工作，在各機關自行派代所擬任人員之後與在總統或各主管機關正式任命之前行之。此種審查權，亦即銓敘工作之一部。

據上所述，證明銓敘與任用，當然有別，至為顯然。

憲法原第八十三條規定考試院（實際為其所屬之銓敘部）掌理公務人員任用權。但上列析述，證明實際並非如此。此種數十年來實況與憲法規定不符之情形，至為明確，但世人竟甚少注意及之；另一方面，行憲前之情形姑置不論，行憲以後之「公務人員任用法」，僅規定銓敘機關有任用審查權，而無實際任用權，已見上述，該法明顯違憲之情事，亦從未有人提出。

以上情形，至憲法增修條文施行後，正好將上述任用法與憲法相違情形予以解決，而使憲法有關之增修條文，符合「公務人員任用法」數十年來現行之規定，因而現行「公務人員任用法」遂自原來不合憲之情形變成合憲。因憲法增修條文第五條第一項第三款已將考試院之任免權，規定爲以法制事項爲限。據非正式之解釋，所稱法制事項，在消極方面表示不包括本文上述兩種主要行爲之執行事項云云，至此始名實相符，法律與憲法亦相符。但「法制事項」一詞，在積極方面，其本身內涵究何所指，仍待澄清。

(二) 銓敘部並無考績權與陞遷權

銓敘部並無任用權，業經上文析證甚明。現進一步言之，憲法第八十三條原雖列舉考績與陞遷皆爲考試院職掌之一，但實際上，銓敘部亦從未享有人員陞遷權與考績權。

所稱陞遷，可以解釋爲晉陞性之任用。陞遷係在若干具有晉陞資格之現職人員中，擇取人員予以晉陞任用。其有關任用之基本程序，與自機關外擇取具有任用資格之人員予以任用，並無重大區別。故基本上，有關陞遷權之實況，應可適用上文有關任用權之討論以明之，即銓敘部亦無陞遷權，故似可不必在此重複贅述。尤以現行方式，係將陞遷有關事項，規定於「公務人員任用法」之中，故更明顯表示，在有關陞遷之法律尚未制定施行前，可以適用該法有關任用之各條條文，如上文所述。

至於考績，依現行「公務人員考績法」第十四條至第十九條，以及該法施行細則第十八條至第二十三條與第二十五條規定，辦理考績之主要程序，以可綜合概述如下：1.由各機關內部各單位主管，依據有關規定，在考績表上評擬各人員之考績等次、分數與評語等。2.將評就之考績表送本機關之考績委員會初核。考績委員會對考績案件，如有疑義，得向有關人員查詢。3.考績委員會初核竣事，送請本機關長官覆核。長官如對考績案有意見時，應交考績委員會復議。長官對復議結果仍不同意時，得變更其考績。4.將本機關全部考績案函送銓敘機關核定。銓敘機關如有疑義，應通知該機關詳復事實及理由，或通知該機關重加考核；必要時，得調卷查核，或派員查核。經查核證明考績不實時，銓敘機關對其考績等次、分數、或獎懲，得逕予變更。5.銓敘機關核定考績案。並將經核定之考績案清册，發還各該機關。6.由各機關將考績結果以書面通知受考人。7.考績列丁等依法「應予免職」或專案考績一次記兩大過應予免職人員，均得於收到考績通知三十日内，向本機關或上級機關申請復審。不服復審之核定者，得於三十日内向銓敘機關申請再復審。8.接受復審案之機關或接受再復審案之銓敘機關，如認爲原處分理由不足時，應交由該考績案原核定機關撤銷原處分，或改予處分；如認爲原處分有理由時，應駁回其申請。

詳閱上述整個過程，其要點似可概括如下：1.考績權力屬於各機關。2.銓敘部僅就各機關首長已覆核之考績案，予以核定。3.銓敘部遇有疑義時，僅可查核，或派員查核，或交還原機關重考。4.銓敘部唯有經查核認爲原案不實，在必要時，始得逕行變更原考績等次、分數、或獎懲（此規定係載之於施行細則。且就筆者個人所知，銓敘部自遷臺以來，似未使用此一權力，而充分尊重各機關之考績權）。5.銓敘部所行使者，僅爲考績案審查核定權，亦即銓敘權之一部分；

縱然在必要時得予以逕行變更考績，亦不過是一種事後補救性之查核糾正權。

依上所述，「公務人員考績法」所作各項規定，與憲法第八十三條原所定（應包括執行、考核及評定其成績）之考績權實不相符。現憲法增修條文第五條第一項第三款規定，考試院僅掌理考績之「法制事項」。此處所謂「法制事項」一詞，究竟作何解釋，尚有待釐清。有人謂：僅包括法規及政策權云云。個人不甚同意。又有人謂：係表示不包括執行權云云。個人亦不甚贊成。因若如此說法，將來必糾紛無窮。最簡單之糾紛爲：假定有一機關，不遵守考績法之規定辦理其人員之考績，試問究竟由誰有權處理？且又如何處理？從而各機關對考績法之規定，因各有不同之解釋，而各行其是時，試問誰又有權處理？以及依據何法如何處理？

對於任用權如解釋爲亦僅限於法規及政策權，其後果亦與此相同。

個人認爲，現憲法增修條文既將銓敘權授予考試院，一如憲法第八十三條原規定，並未有何限制，考試院銓敘部自仍應繼續行使現行「公務人員考績法」所規定之各該事項，亦即照修憲前執行銓敘權中有關考績之審查核定權，不得誤解憲法增修條文，更不得以誤解爲理由，而作任何不當之修正。

（三）銓敘功能不彰之原因

銓敘功能不彰，主要在不能根除政府機關違法用人現象。其原因有六如次。

一、考試權不能充分發揮功能之原因，筆者已在「考試權之設計與運作」一文中分析檢討（見本書第三篇第二、四兩節）。其中最重要關鍵事項，必須在此挑出指述，即考試權之缺乏有效制衡權力。故對違法用人之機關，難以發生有效之制衡作用。

二、依現行憲法第八十五條規定：「公務人員……非經考試及格者，不得任用。」另「公務人員任用法」中亦有若干不得任用之規定以及任用之限制。但法律並未授權考試院或銓敘部得主動前往各機關查究任用情形。故銓敘部僅能於各機關報送辦理銓敘時，始能發現機關是否違法用人。

三、銓敘機關經發現有違法用人情事時，「公務人員任用法」第三十條規定：「各機關任用人員違反本法規定者，銓敘機關應通知該機關改正；情節重大者，得報請考試院依法逕行降免，並得核轉監察院依法處理。」此條文看來似乎頗有力量，實則不然。因當違法用人遭受銓敘機關退還並依法通知其改正後，該機關如不再將該案報送，在銓敘部之案卷中，係此人尚未經任用，亦即公務人員中尚無此人存在，銓敘機關即無從知悉其處理情形，亦無所據以採取措施處理。

四、若干機關任用黑官，自知於法不合，故自始不送請銓敘機關辦理銓敘，或如上所述，被駁回後不再送審，並任其以黑官身分工作。對此，原本亦有一有效辦法處理，即另依「公務人員俸給法」第十七條規定：「俸給未經權責機關核准，而自定標準支給或不依規定標準支給者，審計機關應不准核銷，並予追繳。」據此，銓敘部前經會商審計部於五十四年即定有「銓審互核辦法」發布施行。其辦法要點爲：銓敘部應將每一銓審案之審定書副本抄送審計部，俾每案之准駁情形，審計部均有案可據，得以對各機關之俸給開支是否合法，予以處理，其屬違法者自可不予核銷。可惜此一辦法似未能切實貫徹執行以發揮功效。

五、各機關人員俸給發給程序，係先由本機關之人事單位每月就在職人員造具俸給册，送會計單位製發支付傳票，送出納單位據以發放現金。就權責而論，人事單位對違法任用之人員，應不得列入俸給册內。但機關人事單位多未能如此執行，竟將之列入。

六、銓敘機關之最後辦法，爲對此種違法進用之人，將來於其退休時，不承認其該部分年資，不核給退休金。但事情發展至此，常成糾紛。

此事關係考試院之地位與效能者至大。

（四）晉陞官等有設限之必要

我國自古以來，即有庠序，亦即公立學校制度。國有國學，州有州學，縣有縣學。至清時，全國各級公立學校三千餘所。但此種學校，與我國現行自西方引進之學校制度，大有不同；且與自隋以後所行科舉取士制度之間，所具之必然關係亦不多。國家之用人，確以科舉出身爲主。但亦常有例外，非絕對必定選自科舉。實際用人係依多軌之來源，甚至有捐官之制；故科舉僅爲爲官者出身之正途主流，且以之爲美而已。例如其間宋代有一短期，王安石且曾直接以國學學生任用，不盡全經科舉掄選。至於歷來於任官後之陞遷一事，雖依功績，實亦憑造化及人事關係，向無需再經任何考試或選拔程序之限制。以上係我國帝王專制時代考用陞遷制度之概況。

民國以後，本於主權在民、天下爲公及選賢舉能之旨，政府用人，除政務官外，有選舉與考試兩途併行；其中事務官依考試途徑取士，且配合政府高低等級人才所需，分別以高低不同等級之考試掄選之。與科舉之僅有一級考試者，有所不同。而各級考試之應試資格大致與學制配合。

在民國銓敘制度史上，最早亦曾有一時期，對人員任用，並非必經考試及格。此蓋因亂世不足以言制度，故決不可引用舉例以之爲常規。行憲後，於三十八年元旦公布之「公務人員任用法」，始規定必須考試及格者始有任用資格。但如經依法任用爲委任人員，而非專科以上學校畢業者；或經僱用爲雇員，而非高中以上學校畢業者，當其分別晉陞薦任或委任職務時，應先經升等考試及格始可。換言之，亦即爲專科以上學校畢業者，或高中以上學校畢業者，則無需經陞等考試，亦得晉陞官等。此種規定，直至民國五十一年九月一日，該法修正施行，始告刪除。修正後之該法第七條規定爲：公務人員之陞等，應經升等考試及格。但委任職升薦任職時，如其爲專科以上學校畢業者，或經高等或相當於高等考試之考試及格者，得免予考試。此一規定之要點爲：委任晉陞薦任者，必須考試，但具有專科以上學校畢業之資格者可免考試。此一發展過程，備見我國用人制度力求進步合理之艱辛情形。其目的，乃在確保中級以上公務人員皆具有或相當專科以上學校學識水準。

如上所述，早年簡薦委制度時，初以雇員職進入政府工作，無需考試；而以後在職晉陞委任、薦任與簡任，亦均非必須經歷考試，而僅需具有法定之年資與考績條件等即可。其結果，對部分確爲人才者而言，固得獲伸展；但甚多庸材，因其留在機關內拖延時光歲月，亦得夤緣倖進，遇機坐陞，甚至有可能到達常任文官最高級之常務次長。以往若干事實，應爲有目共睹。筆者亦曾親見，有以首長隨從身分，積資而累陞至簡任官之司長者。若長此以往，公務人員之素質，當然必定大爲降低，何能望其有效爲民服務？此實非國家之福，尤非國民之福。

因此，爲期維持公務人員所必需之知識水準起見，故有設限之必要。而此一設限之關口，以置於委任之陞薦任處爲最適當。因委任爲公務人員中之初級人員，高中畢業且經普考或丙等考試及格者，即可適任。但薦任職務已屬機關中相當重要人員，若不經考試即准其晉陞任職，對特殊聰明才智之士而言，固可應付自如，但此種人才，究屬少數。故應於此處設限，使其參加考試，以測定其才智，淘汰不適者。至於薦任晉陞簡任，則以其已經過薦任職之考試，或具有獨立學院以上學校畢業程度，且經在薦任職務上多年累積經驗，自可信其足以勝任無疑。

故晉陞官等，確有設限之必要；且以設於委任晉陞薦任時爲最宜。

十一、論我國政府機構人員相互流通問題

在本書第三篇「考試權之設計與運作」一文之第五節，「半世紀來我國人事制度中之重要爭論」拙文中，列舉已經發生之爭論事項三十餘種。其中第二十三、二十四及第三十二等三種，與本題有關，但未加論述，茲在此略加探討。

我政府人員，按其工作性質，大概可區分爲軍職與文職二大類。文職又可區分爲政務官、事務官、公營事業人員、公立學校教職員、選任官等五種。如將經國家考試及格之非政府工作人員亦予列入，則尚有專門職業及技術人員。茲將以上所述各類別人員間之相互關係，列圖顯示（圖十一—一），以醒眉目。

中央政府遷臺數十年來，對於上述各類人員相互間之流通，先後頗有爭論。概括言之，爭論之焦點有二：其一、基本上，各類別人員相互之間，應否相互流通？其二、原則上，如何流通，究應各類之間均可流通？抑或僅限於某若干類別之間始可流通？亦即其流通之範圍如何。對此兩問題，目前迄無可供共同接受之結論。而實際做法，則係依據各該有關之現行法律規定，軍、公、教、公營事業人員，在法定條件下可以相互轉任流通。在公務人員內部，得依職位、職系及

專長等有關規定調任，但依考試法規規定爲特考特用，限制在一定期間内不得轉任調任者，應依其規定辦理。在上述法定範圍内，持何一主張之人員掌握決定權時，則該一主張居優勢。

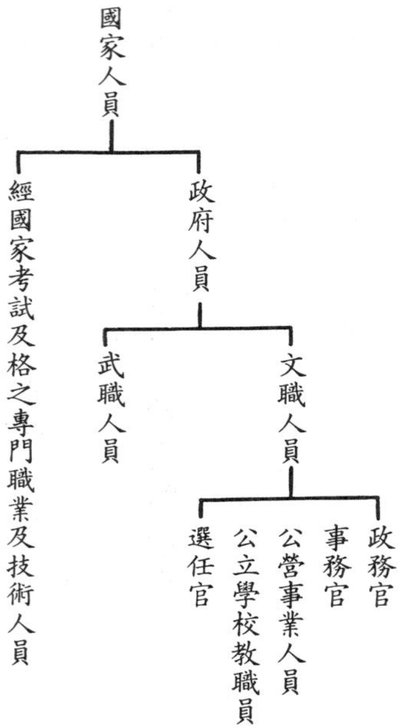

圖十一——一：國家人員分類圖

關於第一項問題，亦即基本上，各類別人員間，究竟應否流通？個人認爲，此乃一理論問題。所涉及者，至少有下列兩方面：其一爲人員之内陞與外補孰宜？或相互間如何配合問題。其二爲通才與專才孰宜？此二問題，所涉廣泛，皆爲人事行政學中之重要論題，自非此一短文之所能討論。

依據我國「公務人員任用法」第二條規定：「公務人員之任用，應本專才、專業、適才、適所之旨，初任與陞調並重，……。」此一條文，看似已對上述兩問題提出答案；實則僅爲一種宣示性之措辭，並無具體規定。且在同一法律內，並無可供具體執行依據之條文。此外亦無其他有關規定內陞外補間關係之法規。則初任與陞調即內陞與外補，究應如何並重？以及通才是否不需要或應如何培養？均無交代。且此條文雖言重視專才，但在該同一法律內，其他條文則規定便利調任之處甚多，尤其規定對於第十二職等以上及第二職等以下人員之調任，得不受職組、職系之限制。凡此種種，似又與此第二條之僅言「專才、專業」之意不符。故該一法律亦並未解決問題。

再就上述第二項問題，亦即何種類別之間，可以相互流通。對此，大致可以歸納成五種爭論。茲逐一分別說明如下：

第一種爭論：亦即發生最早之爭論，爲武職與文職間得否流通問題。一派主張：軍人不可轉任文職。此在考試院方面，最初頗爲堅持。致其時銓敘部部長雷法章先生遲遲未能將便利軍職轉任文職之考試任用法律草案提出，迄其離職時止。或謂雷部長即係因此案而去職云。嗣石部長爲開（覺）先生接任，奉命積極推動，始完成其立法手續，此即現行之「後備軍人轉任公職考試比敘條例」。對此一問題，反對者所持理由如下：文武殊途，迥然有別，武職不宜轉任文職，以免影響文官體制之完整。支持者則認爲：1.退伍軍官應妥予安置，以免重蹈當年抗戰勝利後復員軍官失業而流落成患之覆轍。2.中校以下軍官之轉任，仍必須經過考試之途徑，但僅仿西方國家成例，予以若干優待及加分而已。3.上校以上軍官之轉任，因其地位既高，歷練亦久，已有相當任事經驗，予以免試而准其轉任，可免國家人力之浪費。

上述支持者之主張中，最重要之理由為所舉述之第一點，亦即政治考慮。但反對者所持理由，則為行政考慮。

上述轉任公職考試比敘條例公布實施後，反對者迄未放棄其反對立場。例如民國八十三年考試院向立法院所提出之「公務人員考試法修正草案」，主張對軍人轉任文職之考試，不再有加分優待之規定；以及前數年已開始之上校以上軍官轉任文職考試從嚴辦理之措施，均顯示問題仍在進行中。至八十五年春，該考試法修正公布施行，對此一問題之規定為：「後備軍人應公務人員考試之加分優待仍依現行規定辦理。」暫告解決。

第二種爭論：為經國家考試及格之專門職業及技術人員轉任公務人員問題。此一問題，討論原不熱烈。但自八十年十一月新「技術人員任用條例」公布施行後，規定技術人員亦必須考試及格，始可擔任公職之技術人員。於是，醫護界人士首先發難提出此一問題，是即俗稱之所謂「護士荒」事件。贊成其可以轉任者認為：1.經專技人員考試及格人員，與經公務人員考試及格人員，均為經國家考試及格人員，相互之間，並無不同，應可轉任。2.原本規定可以合法轉任，現僅因法律修改，遂致不能轉任，實不公平。3.檢覈亦係法定考試之一種，其及格人員，應准比照考試及格人員轉任。4.因法律修正，致使大批醫護人員於一夕之間失去任用資格，造成嚴重之實際問題。反對者認爲：1.兩種考試之體制、法律依據、目的、甚至考試方法等，均有不同，何能混爲一談？2.「專門職業及技術人員轉任公務人員條例」明文規定，檢覈及格人員不在該法所定轉任範圍之內。故檢覈及格人員不能轉任。3.如可轉任，將影響公務人員考試之錄取及用人計畫云。此一爭論之最後結果爲折衷處理，修正「技術人員任用條例」，准許檢覈及格之醫事人員轉任，但其他各類別檢覈及格之專技人員仍不可轉任。至於專技考試及格人員，自得仍依轉任條例轉任。惟此一爭論，似尚未結束，而仍在進行之中。

第三種爭論：爲公務人員（即行政機關人員）、公營事業人員、以及公立學校教職員，三者間之轉任問題。此一問題，發生頗早，但原先討論並非熱烈。至若干年前，銓敘部起草新人事制度之「公務人員任用法」時，由銓敘部自動在該法中增列一項有關條文，亦即現行該法第十六條，准許三種人員互相轉任。該法施行後，有人對此反對，遂成爲一項爭論，至今未已。贊成者之理由爲：1.國家人才應相互流通，以臻靈活。2.爲利培養通才起見，人才應予流通。反對者則謂：1.三種人員性質原即各異，且各應有其專業精神。爲鼓勵及培養專家起見，故不應流通。2.中、高級人員如自外轉入，即形成所謂之「空降部隊」，影響內部人員之陞遷機會及士氣者至大。3.轉任而來之人員，對其所新從事業務之知能技術，不如內部久任專業人員之精良。

但事實上，在第十六條條文施行以後，自行政機關據此以轉任教職或轉任公營事業人員者，至爲稀罕。而據此自事業機構及公立學校以轉入行政機關者，三三兩兩，亦屈指可數。因此，此一規定，遂成爲便利極稀少之特殊人員需要而設。

最近數年來，有關此方面之發展爲：考試院對公務人員在各職系間之調任，愈來愈普遍採取特考特用措施。趨勢如何，已彰彰甚明。

第四種爭論：爲政務官與事務官間之流通問題。此一問題，並不嚴重，而只是一種看法上之不同而已。依現行有關法律規定，如不具考試及格者，或從未取得公務人員任用資格者，縱然曾任政務官，亦不得憑以取得事務官任用資格。此一規定，尚無人對之有何爭執。反之，事務官之轉任政務官，因政務官大部分無任用資格之規定，故亦甚少聞有爭執。惟近年開始有人倡言，謂政務官與事務官異途，不應以事務官陞任政務官云。惟此種聲音甚爲微弱，故不構成爭論。

政務官與事務官確係兩途，但此並不表示事務官之優秀且具有政務官才賦者，即不得任政務官。因政務官之來源多途，可來自學術界、商界、自由職業、公私營企業界、軍人、民意代表、農民，以及行政人員等各方面。天下固然或許有天縱英姿之政務官人才，但政務官人才亦未嘗不可後天以歷練而養成之，且世間又未嘗不有兼具政務與常務兩方面才具者。何可單獨排斥事務官不得任政務官也。

第五種爭論：爲選任官可否轉任事務官問題。此種爭論，曾出現數次。已發生者，係民選縣、市長及鄉、鎮長卸任後，是否即當然具有公務人員任用資格問題。提出此一主張者，爲行政機關。認爲既曾任縣、市長或鄉、鎮長，已證明其有任事能力，應即分別據而取得公務人員簡任或薦任之任用資格。但考試院方面則堅持，未經考試及格，或考績合格，或銓敘合格之人員，決不應即可當然取得任用資格，以免破壞體制，故予以反對。最後結果折衷爲：卸任縣、市長得憑其經歷應公務人員甲等考試，卸任鄉、鎮長則可於其取得合法任用資格後，任公務人員時採計其鄉、鎮長之任職年資，以提敘其薦任或委任官等之俸級。

以上均係有關各類別人員相互間流通之宜否及範圍問題，就事實發展情形所作之扼要敘述。

十二、玉衡識微

世間十全十美之事難求，因各種不同之緣由而常出現瑕疵，殆爲常事；有時甚至明知其爲非而仍不得不曲從。所幸畢竟瑕不掩瑜，整體尚仍不惡；雖然如此，我人卻仍不能不知其瑕，且遇有機會，即應予以改善，豈不宜哉！筆者從事考銓工作數十年，若干瑕疵雖非出於筆者之手，且大多數情形之下，亦非筆者一人所能作主，但似亦難謂完全無責；而我考銓工作同仁，似亦不必曲自掩飾。茲在此舉數事爲例以明之。藉供參考，並博一粲。

（一）「人事管理條例」名稱不妥

我國現行人事法律中，有一稱爲「人事管理條例」者，初制定於民國三十一年。依此法律名稱字面所表示之意義，其內容應爲一規範「公務人員」人事管理事項之法律。但事實不然，其內容竟完全係規定「人事管理機構設置」、「人事人員設置」、「人事管理機構及人事人員」之職責以及「人事機構」相互間之指揮、監督關係等事項。故此一法律，顧義思名，應定爲例如「人事機構設置及人事人員管理條例」之類名稱，始爲恰當。現行名稱不合其內容，應屬名實不符之錯誤。

(二) 何謂「檢覈」

我國之「專門職業及技術人員考試法」，將其考試區分爲高考、普考與特考三種；此外，又有與考試平行之檢覈，且亦區分爲高考、普考與特考三種檢覈。均各別有單獨條文予以規定，列在同一考試法中，似乎已表示檢覈亦爲一種考試。該法第五條又明定，考試方式有五：1.筆試，2.口試，3.測驗，4.實地考試，5.審查著作或發明或所需知能有關學歷經歷證件及論文。至於檢覈，該法第十七條亦明定，檢覈方式有四：1.審查學經歷證件，2.筆試，3.口試，4.實地考試。亦表示檢覈乃係與考試一詞平行之掄才途徑，各有其部分相同以及部分不相同之考試方式或檢覈方式。

就上述規定觀之，考試與檢覈顯然均於法有據。據此理解，考試就是考試，檢覈就是檢覈。換言之，檢覈並非考試。試閱現行專技人員考試法第三條第二項所言：「前項考試，得以檢覈行之。」尤足證明檢覈並非考試。

但考試與檢覈究竟有何區別？茲依各該有關條文所定，歸納其差別如下：1.報名資格不同。

應考試者僅需有學歷，應檢覈者尚應更有經歷。2.考試方式與檢覈方式大致相同。除考試方式五種中有一種爲檢覈之所無外，餘四種均同。3.考試與檢覈分別採行筆試時，兩者學科不同。4.既係與考試分別舉行，題目難易當然不同。5.既係分別錄取，錄取標準不同。6.及格後均取得同等執業資格，亦即結果相同。

閱此比較後，必令人深感詫異。無論檢覈爲較易或較難，似均缺乏另行設置之堅強理由。有其存在，徒足以造成不平而已。

檢覈之覈字，音核，義與核字通，常被誤讀成「覆」字或「繳」字音。檢覈一詞，習慣常用以表示查核之意，但語意較溫和。就其性質而論，實際原本只不過是考試「方式」之一種。因爲早年來臺初期之檢覈，僅需審查學、經歷證件，亦即上述專技人員考試法第五條所列舉五種考試方式中，最後一種內三小項中第三小項之半（亦第五種中第二個或字下該小項之審查學經歷證件）。此三小項如下：1.審查著作。2.審查發明。3.審查所需知能有關學經歷證件及論文。早年之檢覈，考試機關審核證件無誤後，即爲檢覈及格，並發給及格證書。持有人即憑此證書而具有所及格類科之執業資格。後經考試機關檢討，認爲如此辦理，稍涉寬濫，其中尤以醫師檢覈爲最。因醫師之業，直接關係人民生命。於是，辦理檢覈開始從嚴，除需審核證件外，尚需面試。早期之面試，原即口試。後竟變更面試之實際內容。所稱面試，原本只是對證件有何不明瞭之處，請其本人來面談，以資澄清，並無考試之意。但後爲從嚴起見，遂仍以面試之名，曲爲解釋之爲「當面考試」，而行筆試之實。後並修正有關法規以配合之。至此，所謂檢覈，既有證件審核，又有口試，更有筆試。且筆試科目多至五、六科。於是，檢覈乃轉形成爲另一種考試，而非考試方式之一種。

仿此情形，公務人員中唯一依特別法「後備軍人轉任公職考試比敘條例」所舉辦之上校以上軍官轉任公務人員檢覈，亦從原來之僅需繳驗證件，而改爲增加筆試與口試。

任何檢覈，應否採行筆試並從嚴，爲實質問題，亦爲政策問題；但若名爲檢覈，實爲考試，則爲名實不符之法制技術問題。故本文立論，未必有贊成或反對筆試之意。

根據以上檢討，檢覈現已失去最初簡便之實質，而與考試無異，則檢覈也者，應可取消。

(三) 試用制度之變質

遠在大陸時期，公務人員任用制度中即有試用之規定。其用意至少有二：一爲實地觀察新進人員是否具有足夠能力以勝任其職務。二爲考察其品德、習慣、態度、性向等等，有無不宜於所任職務。而最適宜於執行上述兩項任務之人員，當無過於本機關首長及本單位主管；因此，賦予機關首長全權以觀察決定其是否適於擔任該職務，自屬適當。故特於法律中予以明文規定：在正式任用此一人員前，予以試用，試用之成績，由機關首長評定之。其所以稱之爲試用者，旨在使此段工作期間之性質，有別於正式任用。對試用期滿不及格而必須請其離開者，亦稱之爲停止試用，而不稱之爲免職。因其自始即未經任用，則本屬無職可免。如此，亦不涉及已予正式任用人員必須經法定之懲戒程序或考績程序始得予以免職之保障規定。故概言之，試用制度應屬尚頗妥當之措施。因爲可以先加考察，而免陷於「請菩薩容易送菩薩難」之困境。

既採授權方式行之，故手續即可簡化；因此，在任用法律中，有關試用規定之條文，向來即甚爲簡略。例如民國三十八年一月一日公佈施行之「公務人員任用法」第九條言：「（第一項）初任各官等人員先予試用一年，試用成績及格，予以實授，不及格者由銓敘機關分別情節、延長其期間，但以六個月爲限，延長後仍不及格者，停止其試用。在試用前，依其職務有學習必要時，得予以學習。其辦法由考試院定之。（第二項）前項先予試用或學習人員不得充任簡任或薦任中級以上各級主管職務。」

此一早期條文之特色至少有三：

1.在「試用」一詞之上，並無彈性文字，亦即表示試用一事係屬強制性而非可選擇性者。

2.在試用之前，尚有「得予以學習」之規定。

3.明文規定試用人員不得充任中級以上主管職務。

此外，該法施行細則第十二條更明文規定：「試用人員，於試用期滿後，應由本機關長官考察其成績。」除此以外，別無其他任何細節上之補充規定。足證在體制上十分重視此一試用制度，且更授權機關首長專一行使此一權力。如機關首長認定某人試用不及格，法規並未規定銓敘機關或上級長官或上級機關有權予以變更，亦無任何法定救濟途徑可資採取。反之，如機關長官認定其爲試用及格，亦無人可以干涉或變更。

嗣後，有關試用之規定漸有改變。現行「公務人員任用法」第二十條條文中已增加許多新規定，使試用之彈性大增。該條文全文如下：「初任各官等人員，未具與擬任職務職責相當之經驗一年以上者，得先予試用一年。試用期滿成績及格，予以實授。成績不及格者，由任用機關分別情節，報請銓敘機關延長試用期間，但不得超過六個月。延長後仍不及格者，停止其試用。試用成績特優者，得縮短試用期間，惟不得少於六個月。前項試用人員，除才能特殊優異者外，不得充任各級主管職務。才能特殊優異之認定辦法由考試院定之。」此一條文之文字，較之早年條文文字嚴密，誠爲足資稱道之進步現象，但所增加之規定事項，則似不盡可稱道。茲將其所增加與改變之事項列舉如下：

1. 將原強制性措詞「予以試用」，改爲可選擇性措詞「得予試用」。
2. 將原定「得先予以學習」之規定刪除。
3. 增列規定：「得縮短試用期間」爲半年。
4. 將原定不得充任中級薦任以上主管職務，改爲「才能特殊優異者」得充任各級主管職務。

以上四點，均屬放寬性措施。

但在實際執行上，則與上述情形稍有差距如下：

1.所謂「得予試用」並未切實執行，而仍係一律予以試用。

2.所稱才能特殊優異者可以免予試用，則確經於七十六年一月十四日由考試院發布「試用人員才能特殊優異認定辦法」施行。

3.既已刪除「得先予學習」之規定，即應切實執行。但七十五年元月公布施行之新「公務人員考試法」新增規定，高普考試筆試及格人員應經訓練及格後，始爲完成考試程序。故原經取消之「得先予學習」之條文，不僅等於另行在此復活，且反而成爲必須訓練（學習）。

4.關於「得予縮短試用期間爲半年」，依目前各機關實際執行情形而言，部分中央機關幾乎對新進人員一律予以縮短爲試用半年。另部分機關及絕大部分地方機關則均不予縮短，而予以試用一年。換言之，縮短或不縮短，並非基於試用人之成績是否優異而定；而係僅因各機關在授權範圍內自行形成之習慣不同而已。

以上四點差異，在其所形成之後果中，較爲重要者，爲試用半年或一年兩者間所造成之不公平。是爲第一種不公平。

但後果並不止於此而已。由於半年與一年之差別，併同其他人事法規規定，更延伸出進一步之不公平。依據「公務人員俸給法」第十三條及其施行細則第八條規定，經試用期滿予以合格實授之人員，按原敘俸給晉敘本俸一級。例如經高考及格依規定以薦任六職等試用人員，試用期間支薦任六職等本俸一級俸。經試用及格予以合格實授後，晉級支六職等本俸二級俸。茲據此舉例以明之：現有某甲與某乙二人皆係高考及格，並同於八十一年四月一日起試用。其中某甲任職機關向來習慣於對新進人員均一律縮短半年試用；因此，得於同年九月底試用期滿，而於十月一日合格實授，並晉俸一級爲六職等本俸二級。但某乙所任職之機關則向來均對新進人員一律予以試用一年而不縮短，故於八十二年四月一日始合格實授，並晉敘六等本俸二級。二人晉敘先後差半年，不僅本俸差一級，且某甲八十一年有另予考績，得支考績獎金，某乙則無。是爲第二種不公平。

另一種不公平爲，原任五職等滿一年之人員某丙，因考試及格晉陞六職等，依「公務人員任用法」第二十條規定，可免予試用。如其晉陞時間爲八十一年四月一日，則至同年底，此人僅能參加另予考績，故其八十二年仍爲六職等本俸一級。但大學畢業考取高考初任公務人員之上述某甲，則八十二年初已晉支六職等本俸二級。故法律對某丙原有優待之意，相較之下，反而形成不利。是爲第三種不公平。

爲此，銓敘部乃於八十一年作成解釋：凡屬於某丙之情形者，准許其自行選擇是否參加試用。此一解釋用意雖善，但已與試用制度原意不符。是爲三種不公平以外之第一種不妥。

七十五年元月，新人事制度之「公務人員考試法」公布施行，規定凡屬公務人員高普考試及格人員，均須經訓練及格始完成考試程序。八十五年全面修正施行之該法仍如此規定。而此種訓練，現行辦法規定爲期一年。於是，高普考試及格人員必須合計以二年時間從事訓練與試用，而後始能合格實授任用，爲時稍長。此爲第二種不妥。

於是，乃有人極力主張，當考試及格人員必須同時接受訓練與試用者，應即准予以訓練年資充抵試用，亦即等於取消試用制度。但試用爲任用前之重要程序，與訓練之爲考試程序之一部分，性質完全不同，何能取代充抵？所幸銓敘部方面對此十分慎重，迄未有所決定。將來若果如此辦理，則將形成第三種不妥矣。

以上所述三種不公平與三種不妥，其原因並非均在試用制度本身，部分係受其他規定或主張之牽連。

淺見以爲，解決之道如下：

1.現行訓練制度，名爲訓練，實爲借題留置人員之一種手段，有違誠信原則，實非政府所宜爲。故應取消訓練制度，改以其他公正堂皇之辦法挽留人才。

2.修法取消得予縮短試用期限之規定。

3.或修法規定，無論新任人員或晉陞人員，試用期間一律爲六個月，不得選擇，不得縮短；但成績不良者，得予延長六個月。

（四）先以低一職等任用之不當

我國自古以來，重視取士與用人。自行科舉後，每遇考試，無不視爲國家掄才大典，至爲隆重。錄取後榜示，必依成績先後，區分爲一甲、二甲、三甲；每甲之中，復依成績更分名次先後。此一成績次序，於任用時頗具影響。但並無明文規定其先後。

八十五年修正施行之「公務人員考試法」規定，考試等級有一、二、三級高考、普考及特考；另有與之平行之一、二、三、四、五共五個等之特種考試。其中經三級高考或三等特考及格者，取得薦任第六職等之任用資格。任用法復規定，及格人員由政府予以分發任職。以上均屬良法美意，至爲妥當。

但至爲不幸且亦至爲不當者，爲任用法另更規定，三級高考及三等考試及格者，得先分發以委任第五職等任用。實際上，此不僅低一個職等，且使具薦任資格者任委任職，也低一個官等。形成及格資格，與任用官等職等相互之間，名實不符之情形。不僅明顯造成及格人員之實際損失，且有失政府應有之標準。

不僅此也，及格人員分發職務，絕大部分均係被分發至基層機關，且多係鄉鎮機關。基層機關因六職等之職位較少，故及格人員一經以第五職等任用後，且繼續留下在職，即極有可能停留該機關十餘年亦難獲陞遷，而永爲第五職等人員。此外，此種人員所遭遇之另一種情形尤爲不幸，即有朝一日，竟終有六職等職位出缺，但有時卻仍必須經過一種被稱爲人事陞遷考評之程序。換言之，亦即必須與本機關其他五職等人員互就學、經歷及年資等條件所構成之積分，從事比較競爭。而此種及格人員年資，常遠不如其他在職久任人員，積分既低，遂常在競爭中失敗。至於此種人員原本即係考試及格，早已具有六職等任用資格之事實，則置於不問。其不公不平，曷有勝於此者？且不知置國家考試之標準於何地！

七十九年，筆者在銓敘部任職時，主持「公務人員任用法」之修訂工作，力主將此現象趁機予以改正。但有機關代表在會議中言，若將「得先以低一職等任用」之規定，予以取消，則各機關於考試院每年舉辦高考調查各機關六職等缺額時，現已存在之匿缺不報現象，定必更爲嚴重，而對高考將發生不利影響云。在座多人響應其說。此一不合理之條款，遂藉以仍得繼續存在。

實則，所言若果爲真，則政府應另行修法，明定上述高考及乙考兩種考試及格人員，所取得之資格爲五職等，而非如現所定六職等。堂堂正正，以維國家誠信。何必似今之如此口惠而實不至也。

（五）狡兔二窟之雙職系

職系與職等乃職位分類制度結構中之兩大根本。在我國七十六年施行之官職併立新人事制度中，仍留有職系與職等，但對其使用方法，已大有放寬，較之職位分類對其使用方法，有基本上之差異。且所改變者，確有意義。例如原來在職位分類制度中，一職位限僅列一個職等，現新制度則使之可以一職務跨列二或三個職等，使人員在一職位上可以久任，更使機關人員調任增加許多方便，自屬可貴；但亦有少數不合理且徒然滋生糾紛之改變，則非所宜。例如規定單位主管職位，可同時歸列兩個不同職系，此實絕對違背人事制度原理之舉。個人認爲應屬一種錯誤設計。

「公務人員任用法」第八條稱：「各機關組織法規所定之職務，應依職務說明書歸入適當之職系，列表送銓敘部核備。」此爲母法。其中職系一詞，既冠以「適當」二字，其含義當然是單數，並未明定一職位可以歸列兩個職系；再閱該法之施行細則第六條，則略有擴充解釋：「依職系說明書暨其他有關規定，分別歸入適當之職系。」此雖然已增加「暨其他有關規定」一語，但仍謂「歸入適當之職系」，應仍爲單數，並未謂一職務可以同時歸列兩個不同職系。及至依據上述條文所訂定之「職務歸系辦法」，始在其第三條第二項尾有一贅語：「如係主管職務因業務需要必須同時歸入兩職系者，應報經銓敘部核准。」遂超越原有母法及其細則之規定。

此一規定，實屬不當。理由如下：

第一、違法：子法違背母法。有關各條文已見上述，母法並未有一職務得同時歸列兩職系之規定。辯者謂，若謂不可歸入兩個職系，則何以一職務又可以同時跨列兩個不同職等？殊不知「公務人員任用法」第六條稱：「必要時，一職務得列兩個或三個職等」，是法律已予明文規定。但對於職務歸系，則僅稱「歸列適當之職系」，並未有一職務得同列兩個職系之語句。對照之下，更明確顯示，母法規定，係限於歸列一個職系。且所謂「適當」職系，顯然為單一職系；否則何以表示其為「適當」也？

第二、不合理：歸列兩個職系後，造成職務屬性模糊現象。使人不知此一職務，究竟為何性質。關係所及，用人時不知應任用何種性質才能之人員。

第三、不公平：已出現之事實為，將一職務同時歸列分屬行政性與技術性之兩個不同職系。其結果，在民國八十年十一月前舊「技術人員任用條例」施行期間，因該條例規定技術人員不必考試及格任用；因而遂借雙職系之便，而使主管職務得以適用該條例以進用不必考試及格之人員，因此，身為單位主管之公務人員，可以無需考試及格，而屬員反而必須考試及格。豈能謂平？

有人謂，一職務常包括兩種以上性質不同之工作，故有歸雙職系之必要云。此語看似有理，實則不然。因幾乎絕大多數職務均有此一情形，豈獨單位主管而已？何況依「職務歸系辦法」規定，在此種情形下，應依職務工作內容所含百分比最多之一種性質歸列職系。依此，問題已經解決，且行之有年，並無困難。故所持理由，實係托詞甚明。

真正之原因，爲上文已述及之逃避考試用人。但自從新「技術人員任用條例」於八十年施行後，尤其與該條例有關之各種輔助規章，至今均已制定發布，技術人員亦必須考試進用。因此，此種「狡兔二窟」性質之雙職系取巧逃避之不當企圖，已無可逞其計；但上述之其他缺點，則仍然存在。亟宜從速檢討修正，廢除此種惡劣規定。

(六)「公務人員俸給表」之名稱不當

「公務人員俸給法」之內容，包括「俸」與「給」兩部分。俸，指本俸與年功俸；給，指各種加給。現行該法有關俸之規定甚爲周詳，有關給者則僅以第五條敍明加給之種類；至於有關給之具體內容，則以第十四條概括規定其有關辦法訂定之程序，其條文如下：「各種加給之給與辦法，……由考試院會同行政院定之。」多年來，行政院幾乎每年度均以其一院名義，修正發布一次「全國軍公教員工待遇支給要點」。要點中即載有各種加給之具體規定。以上所述，在說明俸與給爲二物，且分別規定。

現行「公務人員俸給法」第四條稱：「前項本俸、年功俸俸點，依所附俸給表之規定。」據此，附表名稱遂爲「公務人員俸給表」。但該表內容，則僅有官等、職等、俸級、俸點，並無一字涉及加給，故稱爲「俸給表」顯屬錯誤，而應僅稱爲「俸表」始爲恰當，至爲顯然。

筆者固亦任職銓敘部，但草擬及修正該法之事，其時尚不在筆者分工負責範圍之內。雖亦曾以拙見提請斟酌，但承告：舊法原即如此，爲免立法過程中解釋費事起見，一動不如一靜，故以一仍舊貫爲妥云。遂留下此一雖已發現，竟仍未能改正之錯誤。

（七）俸點折算現金不宜分段採不同比率

職位分類制度之「俸」，採俸點制。即每一俸級訂有一固定數字之俸點。現制最低之第一職等一級，爲一百六十點；最高爲第十四職等之八百點。兩者間差距，恰爲五倍。此一差距，無論其是否合理，畢竟係經審慎研酌訂定，且予以列入俸給法第四條附表，成爲法律之一部。但參考世界其他國家，公務人員「俸」之差距，大於五倍者至多。

我國公務人員每月「俸給」實際所得金額，係由「俸」與「給」兩部分構成。「俸」之部分，係按俸點依規定標準折算現金（法律稱爲俸額）發給。此種折算標準，依「公務人員俸給法」規定，係「由考試院會同考試院定之」。但實際上，多年以來，均係行政院每年逕行訂定「俸」之新折算標準與「給」之實際金額，以行政院一院名義發布施行。雖經考試院提出意見，仍僅於每年定案之前通知考試院知悉。

此種「俸」之折算現金標準，原可一次訂定而施行若干年。但由於政府最近二十餘年來，幾乎每年均調整（實即提高）公務人員俸給所得。故此種標準，幾乎亦每年重訂，自屬政府美意。但自民國六十幾年始，行政院以財政收入不敷爲由，將俸表中之俸點分成兩段，下段自最低之一百六十點起，上至若干點止，定爲每點折合新臺幣若干元；其餘較多之俸點爲上段，則另訂一較低之折算標準。

若干年後，再進一步，更予分爲三段。因此，大致言之，職等較高者，實際所得均有減少。而八百點者，所得金額當然不及一百六十點之五倍。換言之，已違背法律所規定之各職等俸級俸點相互差距，當然更違背俸給制度合理差距幅度原理。個人認爲：如認爲五倍之差距幅度不當或不適，絕無不可修正之理，修正後即可適法。但不此之圖，而竟另闢曲徑，予以分段折算。

民國六十七年，「公務人員俸給法」有所修正。有關方面遂趁此時機，將此種分段折算之行爲，在俸給法所附之俸給表後說明欄中增列文字補述。至此，始勉強取得法律依據。及至七十六年實施兩制合一之新人事制度，新「公務人員俸給法」仍如法炮製，在俸表後列有說明文字如下：「……折算俸額標準，必要時，得按俸點分段訂定之。」似此關涉實際權益之重要事項，不在法律條文中規定，而採此近乎夾帶方式爲之，實不適當。據此，例如八十四年度之俸給折算具體情形如下：依據民國八十三年六月十五日行政院政給字第二三〇〇〇號函修正發布之「全國軍公教員工待遇支給要點」所附「公務人員俸額標準表」尾之附註一：「……各等級俸點折算俸額（即現金）之標準係分段累計：按其應得俸點在一六〇點以下之部分，每俸點按五七．七元折算。一六一點至二四〇點之部分，每俸點按三七．二元折算。二四一點以上之部分，每俸點按五三．五元折算。」

此種情形，實完全違背制度之基本精神。

（八）降調後仍支原俸之不當

我國人事法規，對公務人員之任職、品位、俸給等端，向來均有明文規定，予以適當合理之保障。例如，爲防機關首長濫用權力將人員予以降職，故明文規定：經依法任用人員，除自願者外，不得降調；經銓敘部依法敘定之俸級，非依公務員懲戒法或其他法律，不得降敘。簡薦委制度時期即係如此。

職位分類制度以及現行之兩制合一制度，均有職等職系之設置，使人事制度觀念及多種規定，均發生重大變化。於是，現行之「公務人員任用法」有關此一規定之文字，遂有變更，而成如下之措詞：「經依法任用人員，除自願者外，不得調任低一官等之職務。」換言之，亦即調任同官等內較低職等之職務，則非所禁。果然，緊接上述條款，即續規定謂：「在同官等內調任低職等職務者，仍以原職等任用。」爲資配合起見，「公務人員俸給法」亦有下游之條文規定：「在同官等內調任低職等職務以原職等任用人員，仍敘原俸級。」

此種條款，實我國人事制度史上前所未有，而係七十六年施行官職併立新人事制度制定新法時之新發明，由有關機關提出。當時之用意，係在解決基層機關高職等職務較少，人員更少流動，既無法將一人員調至同職等職務，只好降調其爲較低職等職務，但當然此非人員之所願。因此，乃在任用法中予以規定如此，以維持其職等。又爲免人員實際收入減少起見，遂在俸給法中亦作上述配合規定。諸此規定，表面視之，設想似甚周到，實則爲一極其無理且不當之條款。

國家者，乃至高無上之神聖體；政府者，行事必須堂堂正正，務期公平，正直與開明，始能爲人民所信賴所依靠。政府有所措施，均應落落大方，出以光明手段。而人事制度者，國家之大政，更必須合理，以昭大信，並維公道。上述規定，至少有下列四方面之不當：1.爲便利本機關之另用他人起見，竟以法律規定，得強迫人員降調。2.既已降調較低職等職務，竟又以法律規定其仍以原職等任用，公然名實不符。3.既已降調較低職等職務，竟以法律規定其仍支原職等之原俸級，有違責酬相當原則。4.准許在同一官等內降調，例如自九職等降至六職等職務，所降太大。

政府似不應爲解決少數機關用人之小困難，而竟不惜作此十分不當之可笑規定。如果此一人員不能勝任其原職務，或有何不當之處，應修正法律另行採取其他途徑解決，始爲適當。

（九）「俸給總額」一詞之來由

「公務人員考績法」於七十九年修正時，在第七條新增一名詞：「俸給總額」。並以該條第二項特加解釋：「前項所稱俸給總額，指公務人員俸給法所定之本俸、年功俸及其他法定給與。」茲略述此一名詞與條文之來由。

考績法之修正，其起草工作爲銓敘部職責。當時筆者任該部政務次長，爲此，特組織一專案小組，其成員除有銓敘部之司長、參事等外，並邀行政院人事行政局有關處處長及其他有關機關代表一同參加。筆者有鑒於公務人員待遇稍有不足，尤其退休金、撫卹金、年終加發、考績獎金、不休假加班費等多種給與，均解釋爲僅發給本俸或年功俸，而不包括各項加給在內，甚不合理。因法律上所稱「俸給」者，係指「俸」與「給」兩者而言，並非僅指「俸」一項而已，現積非成是，多年來均僅發給「俸」而無「給」，此不僅與各該有關法律所定上列各該項給與在條文中所使用之「俸給」一詞涵義不符，且顯然扣減公務人員之應得權利，實欠公平。因此，筆者乃立意趁此修法機會，設法在考績法中先求突破，而將該法第七條中之「給與一個月俸給之一次獎金」一語，修正爲「給與一個月俸給總額之一次獎金」。同條類似之他處以及同法其他使用同一語句之條款，例如「二個月俸給之一次獎金」等，亦均比照一律在「俸給」二字之下增加「總額」二字。

在立法院法制委員會審議本案時，各與會立委對此均表贊同。立委林鈺祥且提議增列第二款，對「俸給總額」一詞作成定義如本文開始所錄文字，以免事後有人故意曲解，而可能使好意成空。筆者當時代表考試院列席會議，因鑒於此有助於貫徹原草案本意，故欣然同意。

此一修正案經公布施行後，側聞有人頗有意見，認為如此將增加政府負擔不少云云，且有人傳話使筆者知之。筆者忖度，此事雖係由我立意，但曾經過所有法定行政程序始行完成。由銓敘部以部函報呈考試院，經過考試院院會詳加討論通過，以院函送請立法院審議。而經完成立法程序後，奉總統令公布施行，個人行為絕對合法。況且為公務人員伸張正義，爭取應得之權益，有何不可？當即心底決定：如對筆者有何詢問，自當挺身而出而無所畏也。

（十）「有給人員」一詞涵義模糊

在我國「公務人員保險法」第二條、「公務人員退休法」第十二條以及「公務人員撫卹法」第十七條等多種人事法規中，均有「有給人員」一詞之使用。對此一名詞，銓敘機關通常解釋之為「任有俸給職務之人員」。又由於僅有專任人員始有俸給，故「有給人員」亦同時被解釋為專任職務人員。

惟所謂「有俸給」，並不限於依「公務人員俸給法」所發給者始爲俸給。因依據「公務人員保險法」第二條規定：「法定機關編制内之有給人員」，均爲該法所稱之「公務人員」。銓敘部並依據此一條款之規定，將政務官、中央民意代表之立法委員，及以前間接選舉產生之監察委員，其每月現金給與雖名稱爲公費與歲費，均非依據「公務人員俸給法」所發給，仍亦認爲屬於「公務人員保險法」所稱之「有給人員」，故均經納入爲公保之被保險人。反之，以前之國大代表以及省市議員，則因其國民大會及省市議會組織法規明定其均爲「無給職」，故多年以來，銓敘部始終依法不同意其參加公保。現因數年前新訂有「國大代表支取酬勞條例」之施行，明文規定准予國大代表參加公保，始得參加公保；但省市議員仍不能參加公保。

以上所述，係用以説明「有給人員」一詞之涵義並不限於依「公務人員俸給法」支領「有俸給職務之人員」。因而影響其例如公務人員保險等方面在權利義務上之作用。

此外，依據公保法施行細則第八條規定，不屬於「公務人員俸給法」範圍内之「法定編制内之聘雇人員」亦爲公保法所稱之公務人員。

至於有關專任與兼任一節，兩者之間，大有分別，對公務人員之權利義務關係十分重大。例如：得否在戶籍上以公務人員爲其職業？俸給之有無？應否受「公務員服務法」之管轄？能否參加公務人員保險？是否受「公務員懲戒法」之管轄？任職年資是否得被承認？退休金之有無？以及依據其他各種法律所定，因其是否公務員即得爲或不得爲之種種有關權利義務事項。

以上所引各端，旨在說明，對於「有給職」一詞目前被解釋為即係有俸給之職務。對此一解釋，筆者認為似有欠妥，易於引起困難。玆略予申述於下。

第一種困難，為用詞之不當。「俸」者，指本俸或年功俸；「給」者，指加給。所謂「有給人員」，應係指享有加給之人員，而非指有俸之職務。但法律用語竟張冠李戴，自屬有誤。故依其本意而言，應稱為「有俸人員」始為正確。現既已稱為「有給人員」，原不得曲作解釋為「有俸人員」，但目前卻必須如此曲作解釋。

第二種困難，為實用時之困難。玆舉一例以明之。「公務人員退休法」第十二條規定：「領受月退休金之人員，再任有給之公職者」，停止其領受月退休金。至於領一次退休金人員之優惠存款，亦同受影響。依同法施行細則第三十一條規定：「再任公務人員時，應停止原儲存之優惠存款。」據此規定，並依上述對「有給」一詞之解釋，退休後之公務人員再任公職，若所任職務，非立法委員，非政務官，非聘雇人員，亦非正式支領依「公務人員俸給法」所給予之俸給，故不違反上述退休法第十二條之規定，則仍可繼續照支月退休金或享受優惠存款而無妨。果若如此，若機關巧立名目，發給甚至比正式本俸或年功俸猶有過之之給與，自亦可謂為不違法，似又有欠公平。

因此，銓敘部於數年前定有一種辦法，對所稱「有給之公職」採取不同之解釋。大致而言，不僅不以依「公務人員俸給法」所定之俸給為限，而且概指自公庫所得之各種形式給與，包括車馬費或其他種種名義之酬勞，均視爲有給。對於所稱公職，則無論專任、或兼任、或臨時工作，均視爲公職。此種解釋之採取，係基於認爲退休金之性質，原在使公務人員退休後，得憑以維持生活。今既復任公職，並自公庫中支取給與，已可免於饑餓，則其月退休金（或優惠存款利息）自應予以停發，以期公平，而勿使一人同時得享公庫所支給之兩份給與云，用心似亦未可厚非。但施行以來，困難重重。因有時所得之區區報酬，反不及月退休金所得數目之多。如以所得數目之多少爲標準，以定應否停發月退休金或停止優惠存款，則又難有一金額準確之標準。且更有人以爲，再任公職所得，仍係付出勞力及智力所得，對國家而言，係善爲運用人力，何能因此而即剝奪其以往積資所應得之退休給與？另有人則主張，退休給與之性質，本爲公務人員任職期間應得報酬之一部，改於退休後領取之一種延期給付。總而言之，無論依據上述任何一種理由，均不得因再任公職而即剝奪其月退休金領取之權利。

由於觀點上之差異，與事實上退休後再任「公職」一詞之解釋，以及再任所得給與之名稱及數目之標準，均未能明文訂定，引起諸多爭執。於是乃有人提出訴願，控之於行政法院，以至於最後請求大法官解釋。經大法官會議於八十年六月十四日以釋字第二八〇號解釋：此種再任人員每月所得未逾委任第一職等本俸一級之俸與專業加給總數者，得繼續支領月退休金或享受優惠存款利息。至八十四年六月，考試院修正發布「公務人員退休法施行細則」遂趁機將上述大法官會議之解釋，納入施行細則之中，成爲條文。並進一步將第一職等本俸一級提高爲本俸七級。依此規定，例如按八十四年度公務人員俸給所得計算，第一職等最高本俸七級，連同其專業加給數合計，爲現金二六・七五五五元。至此，爭執始平息。

退休人員之月退休金及優惠存款問題，雖然已經解決，有如上述。但追根究底，問題之發生，實仍由於所謂「有給人員」此一名詞涵義之不明不妥，故引起解釋上與實用上之雙重困難。而此一名詞，關係人員之權利義務者至多。因多種人事法律中均有此一名詞。故亟應從速檢討改正用語。

(十一) 何謂「已屆限齡退休人員」

「公務人員退休法」第二十七條稱：「已屆限齡退休人員，各機關不得進用。」其用意在避免各機關進用即將居齡退休人員後，旋即又須爲其辦理退休。且亦有禁止各機關違法任用居齡退休人員之意。有此明文規定後，各機關首長爲免麻煩起見，自知避免。因此，此種進用居齡退休人員之情事，未聞發生，但並不能保證其絕對不發生。

究諸實際，此一條款之措詞，看似明確，實則模糊，僅能給予機關首長一種觀念，應屬於所謂宣示性條文，並非毫無疑義而可遲行據以具體執行者。數年前，筆者任職銓敘部時，此種案件果然發生。筆者面對，確曾爲此疑義略費斟酌。

某君於其六十四歲又數個月時，經某機關進用。其任用資格等，均無問題。但銓敘部經辦人員頗爲謹慎負責，對其任用時之年齡，距法定命令退休年齡僅有半年多，是否有違「公務人員任用法」上述條文規定，認爲不無研究餘地，乃以之來商於筆者。經筆者詳閱有關法律及施行細則各條文，發現對此均無進一步之具體解釋。亦即表示，究竟何謂「已居限齡退休人員」，或謂究竟何等年歲始得稱爲「已居限齡」，並無法定界說。依「公務人員退休法」規定，一般公務人員之退休限齡，爲六十五歲。如照上述任用法第二十七條條文辭意解釋，「居」者至也，亦即到達也，故亦即謂年齡已到達六十五歲之人，不得進用。果若如此解釋，則該條文即形成贅文而無意義。因退休法已規定，六十五歲爲應退休之限齡，現其人既已到達六十五歲，已當然不能進用，再有此一條文，豈非多餘！反之，若某人員係於二月一日到達六十五足歲，則一月二十八、九日應仍不得謂爲已到達限齡退休年齡，亦即仍可進用。若如此解釋，似又屬可笑。因此，該條文之實際涵義，應係指「將」居臨退休月日之人員，不得進用。似必如此解釋，該條文始有意義。但究竟何謂「將」居臨之退休月日？亦即謂「將」字所指之具體期間，究爲多少年月日？法令仍無規定，亦無解釋。

經再三查閱法規，並反覆審酌，最後認爲，依「公務人員退休法施行細則」第十四條第二項稱：「各機關命令退休人員，由服務機關於三個月前填具命令退休事實表二份，……彙轉銓敘部或委託審查機關。」此一規定，應適用於本案。亦即於應予命令退休生效之年月日前三個月以內之人員，不得任用；反之，於三個月前之人員，得予任用。如此解釋，不僅於法有此細則之條文爲據，且亦合理合情。因既已居服務機關應正式通知其準備退休之期，則在此時間內，再予以進用，顯屬矛盾。且三個月期間不長亦不短，尚屬適宜。當即引用此一條文，並敘明其法意，決定准其進用此人。

照此解釋，舉凡於居滿命令退休之年月日三個月前一日及以前之人員，均得依其所具任用資格條件等，予以進用。例如某人出生於民國三十年二月一日，至民國九十五年一月三十一日居滿六十五歲。則某機關如欲於民國九十四年十月三十日進用此人，應爲適法而准予任用。但究竟是否予以進用，各機關長官仍有自主裁量權。

（十二）我國勳獎獎勵金過於微薄

我國定有「勳章條例」與「獎章條例」，凡經據以授予勳獎者，均功在國家。其本人固備感榮幸，社會各方亦深致欽敬。是以在國家或國際重要典禮上，常有人胸前琳瑯滿目，佩掛燦爛鮮豔之獎章勳章，以示榮耀。

但徒有榮耀，似終有所不足。西方國家對經授予勳獎者，另並附有金錢，以加強其意義。希特勒時代，所授予軍人之勳章，係用純金鑄成，且附有重大一筆金錢。故凡獲有勳章者，名利兼收，備受欽羨。

我國原僅有「勳章條例」。政府來臺後，先總統　蔣公深感我政府人員以待罪之身，退居臺灣一島，尚有何勳績之可言？故指示，宜暫停對國人頒發勳章。其間僅於八七水災等事件之後，陳辭公為獎酬救災有功人員，破例請准核發勳章；但此一指示，終先總統　蔣公之身，迄未解除。惟臺灣社會，近二十年來，日趨進步，對臺灣建設有功之人員不少，酬庸維艱。於是，行政院乃研究一項替代法律，於民國七十三年完成立法程序，制定「獎章條例」施行。該條例並規定，政府各主管機關且得另行製頒專業獎章，以資適應。

嗣考試院與行政院應各方要求，於民國八十年三月發布「公務人員領有勳章獎章榮譽紀念章發給獎勵金實施要點」，依其第一點所述，制訂此一要點之目的，在「激勵公務人員士氣，提振行政效率。」口氣頗大，甚為堂皇。並明定對於領有此類榮譽勳獎者，於依法退休或辦理撫卹時，應另行加發獎勵金，用意至善。

但若進一步查閱，則可立即發現其所定獎金數目之微少，充分顯示行事之名實不符，不禁令人驚訝。茲摘錄於民國八十年最新調整後之現行獎金數目如下（均一次給付）：國家最高榮譽之中山獎章：新臺幣四萬元。中正勳章：三萬六千元。一等卿雲勳章：二萬六千元；六、七、八、九等一萬六千元。一等景星勳章：二萬六千元；六、七、八、九等一萬六千元。其他各種獎章、紀念章，則分別為自最高之六千四百元以至於最少之二千四百元不等，聽來令人感覺公務人員何其便宜可憐也。

依據「勳章條例」所定，必須爲「統籌大計安定國家者」，或具類似事蹟者，始能授頒中山勳章。如此豐功偉績，其代價竟爲區區新臺幣四萬元。又如卿雲勳章，獲頒條件之一爲「保衛地方，防禦災害，屢著功效，足資矜式者。」此爲何等重大之功業，而僅價值三萬六千元，幾近可笑。至於獎章，其最高之一等功績獎章，獲頒條件之一爲：「主持重大計畫，或執行重要政策，成效卓著者。」完成此種任務，何等不易，其獎金卻爲六千四百元！至於最起碼之三等服務獎章，條件爲連續服務滿十年者，獎金爲二千四百元。有人或謂，例如連續服務若干年一類事項，其人本已每月領有俸給，故再授予二千四百元，原只是表示意思而已云云。筆者對此種說法深不以爲然，果若照此說法，則獎章與獎金應均無必要；但國家既然於每月俸給之外，復給予獎章與獎金，則顯然表示仍有其必要。既有必要，則應名實相稱，例如中山獎章持有人，致贈一、二百萬元亦不爲多；而勿以區區數千元搪塞之，表示國家似不重視此事。實亟待改進。

（十三）「公務員服務法」與餽贈招待

民國二十年六月，國民政府公布「官吏服務規程」十八條。民國二十八年十月，復以此規程爲藍本，酌加技術性修訂，增爲二十五條，完成立法程序，成爲「公務員服務法」，公布施行。

嗣先後於三十二年及三十六年兩次作小規模之技術性修正，均無實質上之變更。政府來臺以後，即未曾再有任何修正，至今似已成爲最「資深」之一種現行人事法律。論其年齡，若自民國二十年起算，已有六十四年；若自民國二十八年起算，亦有五十六年。至今每於適用該法時，雖偶感微有不足之處；但細加衡量，以半個世紀前，在政府奠都南京未久之狀況下，而能有此條文之制定，至今整體觀之，仍尚頗周延，非不能適用。遙想當年即能思慮及此，已屬至爲難能可貴。

所謂「公務員服務法」，究其內容，實與其他國家之官吏倫理法近似。此法律特點之一，爲其條文措詞頗爲概括。故歷年以來，解釋甚多。適用該法時，必須配合查閱有關解釋，始較確切。而解釋最多者，似爲第十三條有關不得經營商業之規定，及第十四條不得兼任他項公職或業務之規定。

此外，個人復認爲，第十六條及第十八條所定之不得接受「餽贈」及「招待」二事，由於時代之改變及經濟之繁榮，今日在臺執行，愈來愈有實際困難。假定中央政府派員自臺北出差赴中南部某地視察，當地有關機關請其便餐，或僅請吃燒餅油條早餐，甚至如某些報紙所載，請長官吃一個便當等等，縱然所費不過區區數十元（縱然一個便當五百元，仍然只不過是一個便當），但仍難謂爲非屬招待；及至行將北返，當地機關復贈送當地土產蕃薯一小袋，或甚至僅贈送供火車路途上解渴用之水果一小盒，價值仍不過戔戔數十元，但亦不得謂爲非餽贈。如遇諸此類似情形，若往訪之人堅決予以拒絕而不接受，地主必認爲客人過分拘執見外不給面子，因而至爲不快；客人見主人不快，於是當然亦為之不快。此即所謂相見兩不歡也。此種事項，實難處理。目前肅貪方案對此種情形有放寬之解釋，但以行政機關所寫之一方案，既非法律，又非依法授權所發布之命令，而僅為一方案，其實際效力究竟如何？能否取代「公務員服務法」之規定，似仍有待依法澄清。

（十四）政客與官僚

民國四十六年間，張曉峰先生某次談及新官僚與舊官僚之別。曉峰先生是時任教育部部長，我中央政府自大陸撤退來臺未久。臺島在風雨飄搖中，各方向心力未固。張氏密奉指示，加強延攬學人，團結人心，遂訂有計畫，出版書籍、雜誌、叢書等等，以利廣事聯繫；且經常宴請學人，交換意見。此種工作，應付不易，張氏為此所費之時間與精力至多，頗為辛苦。但外界不明，有人稱其好大喜功，張氏亦從未自辯；唯明眼人知之。其本人自奉甚薄，午餐固定由工役自外購來雞絲湯麵一碗，別無他菜。諸此情形，當時任職教育部之同仁，多有知之者。

曉峰先生辦公室訪客如流，以學人居多，但當然亦常有政客往訪，且多係有所干求糾纏。張氏久而難免不耐，而漸有推辭拒不接見之時。此輩政客遂在外揚言指責張氏為舊官僚；但另有若干人士見張氏賓客如流，則又誣之爲招搖，而稱之爲新官僚。

筆者當時任職教育部。某次在張氏辦公室報告公務畢，最後提及，某人有事欲求見云。張氏詢以何事，筆者告以與此人素不相識，但因其與筆者所掌理之業務有關，故照其來電轉達。張氏遂言，實則知其爲何事欲來。但其所囑之事，實無從辦理，早已當面懇切明告，但此人仍屢屢以電話或函件要求不休，並再求面談，多次均已拒絕，希善爲婉言辭謝云。最後張氏歎息言：「今日做公務員委實不易，你接見他，他說你是新官僚；你不接見他，他說你是舊官僚。總而言之，左也不是，右也不是。」

新官僚之名詞，以及新官僚與舊官僚之區別，筆者尚係首次聞及，故印象甚深，至今不忘。近年有時不免環顧政界，滔滔所見，舊官僚雖未完全絕跡，但新官僚卻真不知有多少。終日所務，無非送往迎來、婚喪喜慶、請客赴宴、寄賀卡、參加酒會、出席私人集會，諸如此類，種種應酬之事，不一而足，絕對不得有所失誤；此輩新官僚大多終日笑容滿面，對人謙虛有禮，和藹可親，滿腔熱忱，樂於助人。至於公務，則稍緩處理無妨。因其認爲，若私人關係不好，則任何在公務上之努力，有朝一日，均可能變成毫無意義。此種唯應酬是務之作風，現大眾公然稱之爲「公共關係」，視爲正當。以爲如此既不犯法，亦不禍害他人，雖然凡此種種，均無非在廣結善緣，打知名度，彎來轉去，都在直接間接增加一己利益，亦屬人情之常，有何不可？殊不知此實足以誤國、誤民、誤盡天下蒼生！真是典型之新官僚。

筆者認為，總而言之，其本質為：不解決問題之官員謂之官僚。其不解決問題之原因，在求避免因解決問題傷及他人、開罪他人，而影響一己之利益與前途。純屬自私心理。至於新官僚與舊官僚之最大區別，新官僚外貌親切、和藹、熱忱；舊官僚則輒故作莊嚴之態，且常傲慢自大，不喜與人親近，但其自私自利之心理與作法則一，絕不解決問題。

何謂政客？筆者認為，製造問題之人員即是政客。政客不僅不解決問題，且尤擅長與喜好製造問題，目的亦在自私，為一己謀。其方法則為成羣結派，挑撥離間，造謠生事，寫黑函，發傳單，興風作浪，到處點火煽風，布置糾紛。諸如此類行為，目的均在打擊他人，以便從中漁利。

現今臺灣產生一種新政客。仔細觀察，其人並非有真正之政治主張，只是縱橫捭闔，裝腔作勢，煞有介事。其裝腔之所主張者，究其內容，若非為製造糾紛，以抬高自己身價；則為作其他政治勢力之應聲蟲。目的均在打擊敵對勢力。其外表之手段方法，則或為跳躍玷壇，狂言亂語，橫衝直撞，唯破壞法律是務；或霸居一方，不斷製造破壞秩序行為，博取所謂知名度，以累積個人政治資本；甚至糾集羣眾，走上街頭，彷佛羣眾導師，實則暗懷私慾，在遂求一己之願。於是，邪說怪論橫行，小丑跳樑。時代之渣滓，政治之垃圾，全都浮現於社會表面，呼風喚雨，傲視朝野。國家何能不亂？

（十五）公文「主旨」竟不敘主旨

我國現行公文體例，係蔣經國先生任行政院長時，由其指示、交擬並核定施行。對一般公文，採主旨與說明兩部分格式。其說明部分，得視需要，作分段敘述，並逐段標列數字一、二、三等等，務期簡明扼要。但當然仍必須保持公文作業之最基本要求：準確。

其中「主旨」一欄，應將整個公文內容，用最簡明扼要之短短一、二十字，概述其要，再附以三、五字之全文處理結論。此一主旨，與以前舊式公文僅述明何事之案由有別。公務人員製作此一主旨時，欲求其允當，頗需稍加思考，要點功力。

依筆者昔日任公務人員留下之記憶，新公文體例施行後，不及數月，即有老手公務員發明一種懶惰之方式，用以解除製作主旨之困擾。即寫作主旨時，於簡略概述公文內容要義後，隨即以「如說明二」四字，以代替對此事之處理結論。但閱讀公文者，則因此仍必須閱讀全文，或至少閱畢較複雜之說明二後，始能明瞭全文意思及其究竟如何處理本案，而使主旨失去其原所應有之一目瞭然作用，則徒有其名，而無其實，主旨云乎哉？

（十六）何「驚歎」之有

民國二十幾年間在大陸上時，我尚係一孩童，見老公務員寫公文已知使用新式標點符號。當時最引我注意且印象深刻，至今仍深印腦際不忘者，乃幾乎千篇一律，均在公文結束處，用一個驚歎號。例如：「謹請鑒核示遵！」且此一驚歎號必定筆畫既大又粗，頗覺十分醒目，似有語不驚人誓不休之慨。當時筆者內心之感覺爲：「用驚歎號於此，係表示鄭重宣告全文已結束之意。」

及我至中學且學會正確使用標點符號後，始知如此使用驚歎號係屬錯誤。然而，非常不幸，現今仍不乏公務員仍如此使用驚歎號。每一見及，於深感滑稽之餘，內心常暗言：「有什麼好驚歎的呢？」

此外，不少公務員寫公文，想必係爲期免於錯誤使用標點起見，全文自始自終，除於最後驚歎一聲或用一句點外，索性通體均用逗點。幸好畢竟尚知用一句點於文尾以做結束。

（十七）試院及考銓兩部職員不得典試與閱卷

考試院除院本身之外，有所屬之考選與銓敘兩部，此三機關人員總數現共約八百人。除考試委員因典試工作爲其法定任務之一，而必須參加，並從事閱卷外；在其他平日坐辦公桌之眾多職員中，包括秘書長、兩部次長、各司長等簡任級人員，以及部分薦任級人員，具有博士、碩士、教授、副教授資格身分者不少，均具有法定之典試委員或閱卷委員資格。尤其對於國文、憲法、行政學、政治學、以及人事行政等科目，更不乏富有研究且有著作者。而考試院每年舉辦各種考試三十餘次，所需典試、命題與閱卷之委員，爲數甚多。因此，以往習慣，大致每次考試，均請有少數具有資格之上述職員參加，協助典試與閱卷。但有一無形例規，爲每人參加此類工作每年最多三次，以免影響本身工作。事實上，每次閱卷，每一委員所分配者，原則以四百本考卷爲度。參與閱卷之職員，於下班後，步行數分鐘至鄰近之閱卷處閱卷數小時，有十個、八個夜晚，大致即可閱畢。若週末及星期天亦用以閱卷，則尤爲便利。故總而言之，如此少量之參與，對本身工作實少影響。

劉季洪先生於六十七年就任院長。次年，因聞外界人士有所批評，遂於某次院會中，起立親自指示：今後本院以及兩部職員，一律不得參與典試與閱卷工作，以免影響本身工作云。當時會場一時無人發言，沈默寂靜數分鐘之久後，與院長私交甚篤之國學名家考試委員華仲麐起立發言，措詞甚爲婉轉，結論謂：陳起鳳先生閱國文卷甚仔細允當，眾所共知。可否特准其一人參與閱卷云。院長立即答復謂：所稱陳起鳳先生，亦即本人辦公室主任。其閱卷甚負責，我亦知之。但既在本人辦公室，更應率先以身作則，以資響應。豈可特別例外？華委員遂退一步謂：僅以本次考試爲限，下不爲例如何？院長又謂：既已決定禁止，則應切實執行，不應開始即有例外。遂定案。但對考試院範圍以外各機關人員以及各人事機構人員，則未禁止。

此事至今爲時業已十六年，迄未改變，亦從未聞考試院及兩部同仁有何不同意見。事雖甚小，但甚爲得當；且極能證明考試院同仁之至爲克己自制也。

（十八）玉衡遺風

我國自有科舉以來，持續一千三百年，於清亡之前數年而沒。在實施科舉制度之此一漫長時期，爲國掄才之科舉，成爲國家重要大典。有關之種種體制、規定、儀式與典禮，備極週詳隆重。民國以後，科舉雖廢，但科舉時期之優良措施，仍有部分現仍保持繼續者。茲略述一、二於下。

我國目前舉辦國家考試，仍有闈場。闈者，有隱密與禁地之意。自有科舉以來，對辦理試卷製作而與外隔絕之場所，稱之爲闈場。我國如今辦理考試時，典試委員長、監試委員、審題委員，以及全體抄繕、印製及校對等所有與試題有接觸之每一人員，均必入闈。大型考試之入闈人員，例如八十三年之高普考試，其入闈之職員，多達九十六人，另尚有廚工二人，連同典試委員長及監試委員各一人，恰好百人。在全體入闈之職員中，經試務處事先指定一人爲闈長，在闈中秉承典試委員長意旨，指揮、監督、協調全體入闈人員之工作。入闈之日，典試委員長與全體入闈人員，在闈內一會議室舉行座談，由典試委員長主持，監試委員亦參加，考選部次長並列席觀禮，主管司司長則列席作必要之說明。座談開始時，先由闈長將在座人員逐一介紹予典試委員長，並包括煮飯之廚工在內，然後由主管司長作有關資料之報告，隨即請典試委員長指示闈中注意事項，再請監試委員及次長先後致詞，典禮即告完成。於是，次長、主管司長及試務處長，均退出闈場。於是闈場下鎖，入闈人員各就崗位，開始工作。從此時起，全體入闈人員，均在闈中工作、住宿與生活，斷絕與外界之任何聯繫，禁止寄信，禁止撥出與接聽電話，禁止見客，禁止外出，並有共同作息時間表。闈中設備頗佳，有報紙、有電視機、有室內運動器材設備多種，菜飯亦頗好。三餐之外，更有消夜。全體人員，必須待至最後一節考試之試題發給考生二十分鐘後，始可出闈。在闈期間之長短，視應試人數之多少及考試類科之多少所衍生之考試科目多少，亦即試題種類之多少而定。例如八十三年之公務人員高普考試，入闈期爲二十一天。至於較小規模之考試，入闈期亦有短至七天者。王雲五先生在其任考試院副院長期間之民國四十四年，初任高普考試典試委員長，自閉闈中數星期之久。出闈後，寫有「入闈記」一文，以記其事甚詳，刊載於「自由談」雜誌。近年來，由於種種事實所需，入闈辦法已略有放寬，准許典試委員長及監試委員於必要時，得自行外出，並可在闈內與外界電話交談（電話全部錄音）。此係由於現代社會每人生活內容均甚複雜忙碌，尤其典試委員長，多係由考試委員擔任，監試委員係法定由監察委員擔任，社會關係均甚多，不可能關閉於室中連續數星期之久。至於命題委員，則向來免予入闈，此係由於每一考試所考科目繁多，命題委員人數眾多，例如八十四年公務人員高普考試之類科多至一百零七個，考試科目達四七九種，亦即命題委員需要四百餘人，闈場根本無法容納。現雖有部分試題採題庫中之題目，但闈場仍無法容納其他必須臨時命題之委員。

民國七十年代初，考選部在木柵溝子口新建闈場一座，設計頗爲周全嚴密。某年，芬蘭高等法院院長來臺訪問，因與筆者等前於訪芬時事先有約，故特來考試院，由筆者等陪同參觀闈場。彼詢何以如此不信任典試工作人員也。筆者告以，考試爲國家掄才大典，自古以來，傳統即有入闈之制，以昭大信於天下，非不信任典試工作人員。

每年高普考試榜示前，至今仍照例有點榜儀式。屆時由考試院發出通知，邀請有關人士及機關首長前往觀禮。點榜通常在大禮堂舉行，備有果點茶煙招待來賓。典試委員長坐上方中席，持硃筆在榜單各類科取錄人首名與尾名逐一類科點定，然後仍用硃筆簽名於榜尾。院長、考試委員及來賓等分坐兩旁。點榜完畢，眾鼓掌。乃由高級職員雙手捧榜前行，典試委員長率領其他人員隨行，浩浩蕩蕩，百數十人走向考試院大門，由工作人員將榜貼於告示處，然後燃放炮竹，眾人鼓掌，乃告禮成。於是在場之大批來賓，此時一一與典試委員長握手致賀。

除高普考試外，其他每一種考試實則均有點榜儀式。但因通常均不邀請他人觀禮，儀式較簡單，由典試委員長點榜，考選部次長一人及司長職員數人作陪而已，故外界知之者較少。

筆者於民國六十一年初至銓敘部任職，始知該部每年舊曆除夕，有年關「封印」之傳統，此原本出自帝制時代宮廷。其序大致爲由總務人員將本部大印用紅紙包好，鎖入保險箱，然後燃炮。待至春節後開始辦公之日，仍由事務人員取出，燃炮開封啟用。筆者因任常務次長之職，故每年參加此種儀式，至七十年代初猶仍每年照辦。後筆者因調政務次長，得免予參加此一儀式，故不知該部此風俗仍在繼續照辦中否？

（十九）「交通車」名稱欠通

公務機關大多備有大巴士，以接送同仁上下班之用。此種車輛，習常皆稱之爲「交通車」，從未聞有何不妥。我有一位老友，民國四十幾年初學英語會話時，於英語會話中將交通車譯爲 communication car。當時無人聽懂其究何所指，以爲係指電訊車。後經其說明，眾始悟解「交通車」原屬一錯誤且不通之名詞。事後每一思及，常有滑稽之感。

無論任何一種車輛，當然均供交通之用，若特別唯對某種車輛稱爲交通車，則表示其他當係不供交通用途之車輛。因此，交通車顯爲一無意義而錯誤之名稱。但公務人員如此稱呼既久，早已習焉不察，不以爲怪。類此事項，所在多有。

（二十）豈有無「座」之車

各機關對機關首長副首長之專用車輛，均稱之爲座車。殊不知「座車」亦同爲一不通名詞。因除貨車外，車輛原本均設有座位以供乘坐。豈僅首長副首長之車有座位而已？

十三、公務員的修養與自我發展

（一）三個基本問題

討論修養與自我發展，不是一件容易的事情。自古以來，中外不知有多少聖賢先知，留下多少教訓和宏識卓見。有的成爲體系完整的經典著作，有的則片斷分散成爲格言流傳。大如我國儒家的「四書」，西方基督教的「聖經」以至「荒漠甘泉」；淺如我國民間的「昔時賢言」和「朱子家訓」。數量之多，浩瀚如海，各有至理。有志者縱然盡畢生之力，恐怕也難以一一盡加研讀。如果要一一遵行，事實上也罕有可能。尤其由於古今時代不同，以及中外社會各異，有許多修養觀念或修養信條，固然有所相同；但卻也有許多相互矛盾，以致令人無所適從。

這其中，有三個基本問題，需加考慮。

作爲一個好的公務員，首先必須是一位好國民，一個好人。有關一般人的修養和自我發展的觀點是如此眾多，有同有異，當然也就延伸影響到有關公務員的修養發展觀點，也會產生同異。

我們究應在這許多相同或相異之中，如何適當正確選擇？這是我們首先要考慮的問題之一。

作爲一個好國民或作爲一個好人，是作爲一個好公務員的基礎，這是當然的事情。但在這兩者之間，是不是也就完全一致呢？也就是說：第一，成爲好國民的條件、方向與實質，是不是與成爲好公務員的條件、方向與實質完全相同？第二，如果相同。是不是做一個好公務員就不必再增加更多的條件？這是要考慮的問題之二。

我們大家從小都常常讀聖賢書，腦中也從小就充滿了對聖賢的景仰和崇敬，希望自己成長以後，也能像許多聖賢一樣堂堂正正做人。可是，一到了十八、九歲，開始比較成熟，具有適當判斷能力以後，很快地就會發現：滔滔天下舉目皆是的許多看起來地位似乎還算不錯的人，其言行，也許有他一點兩點你看得見的優點美德，也許根本一點美德也看不出來（當然，可能有些美德不是別人所能知道，或是不易被人看得出來）。而你所能看得見的，盡是一些不合聖賢之道的言行。例如圓滑、鄉愿、沒有原則、沒有是非、只講私情不顧公理等等。但是這些人似乎無往不利，廣受歡迎。反過來，那些剛正守法守分的人，卻困頓不展，甚至窮途潦倒。相互對照之下，不免使人疑惑聖賢之言究竟有何價值？因而動搖了多年來自我培養出來的道德信心。這也就是一種理想與現實之間的矛盾。所謂現實，就是求生存求發展，也就是個人、家庭和孩子的養育生存，個人工作事業的維持繼續，以及個人與家庭進一步的能享受更好的生活，個人的事業能不斷地進步發展。所謂理想，就是我們多少年來念念不忘的大道理，如果一一實踐奉行，似乎常常會爲自己找來許多困擾和麻煩，似乎行不通，似乎徒然阻礙自己的發展，甚至惡化工作環境，影響自己的生存。在這種矛盾狀況下，於是，可能會有經驗豐富的好心朋友善言規勸，要你少談大道理，應該現實一些。換言之，也就是要你向現實投降。你怎麼辦呢？這是最嚴重的問題，也是要考慮的問題之三。

成爲一個公務員之後，以上三個問題常常都會遭遇到。我們如果細心去讀中外古今那些偉大人物的傳記，必定可以發現，他們也都遭遇到這些問題。可是，他們卻終於成爲偉大人物了。現在，我們如果把這些偉大人物傳記仔細再讀一遍，必定又會發現，他們對這三個問題，原來都有最好的決定和實踐。當然，在某一個問題上，尤其是剛剛所說的第三個問題，要作成正確的決定並且付之實行，看起來似乎不是一件很容易的事情。但如果想清楚了以後，實行起來，實在也不是什麼十分困難的事情。這就是我們「四書」之一的「大學」裡所說的：「知止而後能定，定而後能靜，靜而後能慮，慮而後能得。」你自然能夠心安理得，心平氣和地去妥爲處理這其中所引起的一切具體細節問題。

（二）三個嘗試答案

對於這三個問題，各人的答案也許有所不同，個人也不敢自以爲是的提出什麼答案。如果以一種研究態度，當然也可以引述一些聖賢之言作爲答案，來闡揚說明。但聖賢之言，我們已經聽得太多了，在此不想去引述，只是嘗試提出一點初步想法，以供討論和考慮。

關於第一個問題，如何在中外古今許多聖賢偉人有關修養和自我發展的不同教訓中，作成正確選擇？依個人淺見，似乎應該擇取儒家哲學爲是。在這個世界上，有許許多多不同的民族。各民族之間，固然也有共同的想法和性格，例如各民族都主張和鼓勵勤勞，以之奉爲修養方法和發展之道；但另一方面，每個民族卻另都有其特別觀念和性格，這種民族特別性格，正就是我們通常所說的民族性。每一個民族所組成的社會，或是以這一個民族爲主體所組成的國家，必定有代表他這一民族的立身處世哲學。這種哲學，是那個民族性格的綜合結晶，也早就深存在該民族每一人民的心靈深處，到了適當時間，民族中必定會出現一位智者，把這種民族所崇拜信奉的處世觀念，加以整理，予以綜合，用體系化的方法，著爲一套哲學。然後，經過許多其他後人來闡揚發揮，使之又轉回頭來散布在民族每一人民的心中，加強了大家對這一哲學堅信不疑的心理。這種民族哲學，例如美國民族，就是杜威的實用哲學；在我們中華民族就是儒家哲學。

在中華民族社會之中，我們要求修養個人，安身立命，發展自我，就必須要奉行儒家哲學。在日常平民生活中固然就是如此，在公務員生活中更是如此。我們如果照儒家哲學來修養自身，來待人接物，必定無往不利，深受各方歡迎。對於個人的發展和前途，必定大有幫助，十分順利。因爲你的做人做事態度，是循儒家之道而行，而深入這個國家這個社會中絕大多數人民心靈深處的，也都正好就是儒家之道，彼此情投意合，那有不受歡迎，不獲認同以致不順利成功的道理？我們中國人說：「得道者多助。」這個道，我以為應該就是知所選擇。而正確的選擇就是儒家之道。假如我們不了解這個道理，卻要在中華民族社會裡奉行美國的杜威哲學，許多人就會覺得他很古怪，太現實，太急功近利，太不謙虛，因而增加許多阻礙，形成不得其道者寡助的情形。

實踐儒家哲學，必須先要徹底融會貫通儒家哲學。儒家講中庸，更講中庸的時代性，這點十分重要。所謂中庸，是不偏不倚，無過無不及，恰如其分，剛到好處。所謂時代性，是在進一步解釋中庸的標準，並非一成不變，而是隨時代隨環境而調整的意思。孟子說孔子是聖之時者，是最崇高的讚美。所以說到中庸，必須又說時中。舉例說，儒家重謙讓，現在實行民主選舉制度，於是某一位競選人士上臺演說，十分謙虛說：「張先生也在競選，我也競選。我是什麼也不懂，張先生什麼都比我好，所以大家都應該投票給他，千萬不要投我的票。」這豈不是誤解了謙讓的真意，而成為大笑話嗎？若依中庸的道理，就應該說出自己的主張和抱負，當仁不讓，希望大家投我的票。但是卻千萬不能惡意攻訐競選對方。這就是中庸的時代化。明白這個關鍵之點以後，儒家哲學就無往不利了。所以我們做了公務員以後，如果公餘有暇，可以把「四書」拿來細細閱讀研究，對我們的修養和發展，必定大有幫助。

至於其他古今中外聖賢的偉大言行和訓誨，當然都可以參考。

關於第二個問題，做一個好公務員與做一個普通老百姓，兩者的修養與發展之道，是不是完全相同？依我的淺見，是有相同部分，也有不相同部分。因爲基本上，必須先是一個好人，然後才有可能也是一個好公務員。不過，公務員是具有法定特別身分和特別地位的一種人，有其特別的權利和特別的義務，更有其特別的任務和達到任務所必備的條件，這都是與普通身分人民不同的地方。因此，公務員就必須有他應該具備的特別修養。關於這些相同部分和特別不同部分，我們將在下面「㈢持志與養氣」及「㈣修養與發展的實踐方法」兩節中綜合詳細說明。

關於第三個問題，就是在公務員生活中所面臨的理想與現實的矛盾，應如何解決。個人淺見認爲，說來雖然話長，但似乎可以歸納爲兩句話或八個字來表示。這就是：「堅持原則，適應環境。」所謂堅持原則，也就是前面所說堅持求取恰如其分而得乎其中的中庸；所謂適應環境，也就是隨時間、地點、環境而調整其實踐方法以求貫徹原則，合起來也就是時中的意思。至於如何在適應環境時而不損害原則，以及如何在堅持原則之中而仍能適應環境。這是一種藝術，要從不斷的實際經驗中去熟練去領悟。

綜合個人對這三個問題的看法來說，關於公務員的修養和自我發展之道，原則上，應該以我國的儒家哲學爲主體，並且依儒家所特別主張的時中學說，在公務員生活實際事務中，本於「堅持原則，適應環境」的宗旨，以行我正道。至於何爲正道，以下所談的，都與之有關。

（三）持志與養氣

談到公務員的修養和自我發展，其第一要務就是持志與養氣。

持志必先立志。如何立志？立什麼志？必須先要決定。我們今天既然已經開始走上公務員的道路，在政府領導下，爲民服務，爲國服務，我們就應該立定志願，終身從事公職，做一個永業公務員，而且做一個好公務員，並且對國家對政府對國民有所貢獻，希望能做大事。這就是 國父所說的要立志做大事，不要立志做大官。

立志不是隨便輕易一句話就可以決定的。而是必須仔細考慮清楚之後才可以決定。決定之後，就必須下定決心，終身力行，全力以赴，百折不回。無論任何考驗，任何困難，都堅定不移。這就是持志的意思。也就是堅持自己志願的意思。孔子在描寫立志行仁時說：「士不可不弘毅，任重而道遠。仁以爲己任，不亦重乎？死而後已，不亦遠乎？」又說：「君子無終食之間違仁，造次必於是，顛沛必於是。」又說：「士志於道，而恥惡衣惡食者，未足與議也。」又說：「三軍可奪帥也，匹夫不可奪志也。」這些都是講持志應堅定不移的意思。也就是說，知識分子不可以不氣度恢宏，堅毅不拔，以行仁爲任務與使命，片刻不忘，艱難困苦也不改。威武不能屈，貧賤不能移，終身持志不悔，死而後已。大軍之中，雖然有可能擒拿其統帥，但若想改變區區手無寸鐵平民的志節，卻無可能。這些話，真是把持志的堅定和重要，描寫得淋漓盡致了。我們在空暇的時候，似乎不妨把這些話反覆默念。久而久之，必定有助於我們堅定爲國爲民忠忱服務的大志。

做一個正直的人和做一個正直的公務員，固然可以得到許多心安理得的精神安慰，而且常常會得到現實的報償。但我們當然知道，除了良心上的安慰之外，常常卻也會得不到什麼現實的報償。有時候，甚至還會遭遇到許多挑戰、嘲笑、輕視、折磨、打擊、和痛苦。在這種情形下，有的人灰心了、失望了、消極了、撤退了，甚至放棄他的抱負和志節。在我看來，短時間的灰心失望是合情合理的事情，決不可厚非；但在短暫時間之後，應當恢復勇氣，重新振作，再接再厲。可是，假若因此而就喪志失節，則就算不得是大丈夫！孔子說死而後已，這不是一件容易的事！也就是說，持志不移，不是一件容易的事，但卻是一件做得到的事。我們必須要有勇氣和毅力去忍受和承擔一切試煉和痛苦才行。

說完了持志，再說養氣。談到養氣，必須先說養什麼氣。我想，應該是養正氣，養浩然之氣。文天祥說：「天地有正氣。」文天祥在正氣歌裡描寫正氣，主要是大忠大義。大忠大義固然是正氣，但正氣是沛乎塞蒼冥，無所不在，且不止於大忠大義。縱然在我們日常生活中的衣食住行，待人接物，辦理公務私事，也無不應有正氣存在其間。孟子說善養浩然之氣，是指正氣磅礴，氣勢雄壯，無所畏懼，所以是浩然。

至於如何養氣呢？這真是一個大學問，不是淺薄如我所敢隨便討論的事情。如果要我勉強試談，我認爲：第一、在基本上，似乎應該從儒家所說的博學、審問、愼思、明辨做起。也就是說，經過如此一個認知和思辨的過程之後，能夠作成一個最後的選擇，知道明辨眞與僞、是與非、善與惡，然後自能擇其眞善與正確者。第二、有所選擇後，也就是確定了原則和目標。這就是儒家所說的知止。儒家所說的定、靜、慮、得，固然重要，但定、靜、慮、得是後一階段的事，其前一階段也就是先決條件，必須要知止，如果不能知止，如何能定、靜、慮、得？世人只知把定、靜、慮、得四字連帶引用，而不知把止、定、靜、慮、得五字連帶引用，實在是個大疏忽，本末輕重不分。我們知止之後，就應該擇善固執。擇善固執就是知止而後能定。第三、擇善固執有時很容易，有時卻很難。會引來許多困擾和痛苦，引來意外的誤解和損失。甚至根本行不通，遭遇阻礙。這時候就要靜和慮來研求適當的技術和方法，以求貫徹，這也就是堅持原則，適應環境的意思。第四、在整個過程中，靜字是中心基本態度。所謂靜，指的是內心的寧靜，不是呆坐不動。我們說「寧靜以致遠」，因爲內心寧靜則無所障蔽，無所障蔽則頭腦清明，頭腦清明則意志堅定，意志堅定則勇往直前。儒家又說：「持其志而毋暴其氣」，也就是不躁、不怒、不操切、不停止、不改變。舉例而言，當著有人勸說、誘惑、甚至威脅你同流合污的時候，你可以禮貌而口氣和緩的說：「我恐怕不能這樣做。」縱然三番五次來糾纏，你仍然要不改其志，但也決不生氣的仍予婉轉拒絕。

類似這種大大小小的試煉，人生真不知道有多少次。但我們必須要忍耐，沉得住氣，繼續維持我們修德進業的原則，朝向一個目標，一程又一程地前進，越過一連串的困難與障礙，到達最後的目標。這就是不爲利誘，不爲勢劫，堅百忍以圖成的意思。

最後我們畫龍點睛說，養氣的最大要訣，就是剛強於內心和忍耐於外界。

(四)修養與發展的實踐方法

修養與發展，實際上是一件事情的兩段。修養是過程，發展是結果。修養是手段，發展是目的。修養是除去不好的性行，培養發揚好的性行，和增長知能。這樣，也就能消除障礙，增加前進的能力，自然能夠有所發展。而最正確最有價值的修養，就是前面說過：循儒家之道而行。既然得道者多助，多助也必定會有發展。因此，我認爲不必要把修養和發展分別去講。而講修養就是講發展。可以合在一起來講。

關於修養和發展的基本原則和態度，已在前面合併說明了。現在，再就公務員修養和發展的實踐方法提出七項來扼要說明。

1. **博學審問以養知**：做一個公務員，無論是爲了現實工作需要，或是爲了進步發展的需要，增進知識是非常重要的。公務員所需要的知識，我認爲大致可以分成四小類。第一類是應有的一般常識。常識是越豐富越好。第二類是與工作本行有關的專業知識。本行專業知識務必精益求精，例如有關的理論、法規、案例、政策、指示等，最好能無所不知。第三類是與工作本行有關的技能。對一般坐辦公桌的公務員來說，公務文書寫作能力，報告、方案、計畫的寫作能力，在會議上發表意見的能力，甚至主持會議的能力、解決問題的能力，以及有關公務處理程序手續的知識等等，都是十分必要的技能。機關裡讚美一個人能幹時，常常說某人能說、能寫、能做。其實，光是這些還是不夠的。還更必須要能解決問題，能深通訣竅。第四類是與你個人職務無關的興趣所在的知識。這種知識，與我們的題目無關，可以不討論。

就上述前面三種知識而言，必須要博學審問去追求。具體說來，第一是要廣爲蒐集和隨手蒐集有關的書籍、法規、資料、案例、範本。這許多東西，常常是隨手可得，我們必須要注意不要拋棄，予以分類整理保存。第二是必細加研讀，務求徹底瞭解。第三是對於不瞭解的，可以拿去請教這方面的專家老手，他們常常有許多獨到之處。第四是仔細觀察別人是怎樣做。例如在會議場上，有許多老手能夠用很美妙的方法，把一些很不方便說出來的話，適當的表達出來。把一些很不容易處理的狀況和難題，予以圓滿處理。第五是多多練習，久而久之自然就成爲好手。

我常常覺得，一般常識要廣泛，就好像是基礎要廣闊一樣。與職務有關的知識則要專精深入。這兩者結合後，就形成專精知識建立在廣泛常識的基礎上，其知識一定特別堅實，有人說是「羣山環抱，奇峰突起」。意大利有位歷史學家索夫米尼說：一個人要「凡事均知一、二，專業知識無所不知。」（Knowing something of everything, and every of something）換一種說法，就是：「常識廣泛，專業精通。」或是「約而能博，博而能約。」一個公務員的知識能夠如此，其精神之快樂可知。但是，只要你努力，就一定做得到的。

2.勤勞負責以養能：在我看來，嚴格的說，知識和能力，雖然是並非有必然和充分因果關係的兩件事情，但卻常存有某種成分的關係。當然，有許多能力是淵源於知識，但更有許多能力卻是淵源於經驗。我們剛才已討論過知識，現在再來討論經驗。經驗如何求得？簡單說來，就是要不斷地去做！也就是勤勞，而且要事事求其做好。這種要求事事做好的態度，就是負責。求知固然要勤勞，求取經驗更要勤勞負責。我們俗話說：「熟能生巧。」又說：「智者不過巧者之門。」這兩句話，合併起來說，就是要勤於實作，久而久之，自必熟能生巧。我也許智慧不及他人，但我的經驗比他人豐富，結果我做得反而會比他人好。例如年輕人騎腳踏車，操縱自如。你雖然聰明，但卻從來沒有騎過腳踏車，一騎上去你就會摔跤，這就是最淺顯的例證。至於談到負責，尤其重要。如果長官交付你一件工作，你只要有責任心，想把它做好。那你就必定會詳細研究，考慮周詳，審慎辦理。我們前面曾經談到過忍耐，而求知、勤勞、負責，實際上都需要忍耐。你假如不耐煩，怎麼會肯苦苦求知和苦苦工作？法國哲學家伏爾泰說：「天才不過是忍耐的別名。」你如果能長期忍耐以求知、勤勞、負責，你就會成爲天才。這是培養能力的最大秘訣。

勤勞負責是公務員基本要求。別人不勤勞不負責，你勤勞你負責，不僅一定會把事情做得很好，而且久而久之，你的工作態度，更一定會得到同事的敬重和長官的器重。機會來到，你必定會有發展。

3.廉潔守法以養勢：廉潔守法也是公務員基本信條之一。廉潔固然是法律規定公務員所應盡的義務，但同時也是道德上的義務；就另一個角度來看，廉潔對公務員本人更是精神上的一種享受。因爲廉潔可以無後患之憂，半夜不怕鬼打門。廉潔則無欲，無欲則剛，可以秉公辦事，無所牽罣。俗話說：「吃了別人的嘴軟，拿了人家的手軟。」如何還能夠秉公辦事？等到一旦東窗事發，自己前途也就斷送了，而且還要牽累父母、太太和孩子受苦。

至於守法，尤其重要，而且真正是公務員成功的最大秘訣。記得我年輕初做公務員時，去一位權高位重的往日老師家裡，請教公務員之道。他笑了笑說：「最重要的是守法，守法則永遠立於不敗之地，不敗而後才可望有成。」這句話，四十多年來，我永不能忘。我當時一聽，覺得很對。後來一想，又覺得平淡無奇，沒有什麼了不起。過半年一年再細加玩味，又覺得真有道理。若干年之後，覺得守法言之甚易，實踐起來，有時還真困難。因爲有時候，權勢、親情、友情、甚至誘惑、暴力，會來干擾你，使你困擾不堪。但你若能堅持不懈，行之既久，守法成爲習慣，人人知道你向來依法辦事，這些干擾漸漸就會少了。一個公務員不違法，誰也奈你不何，推你不倒。當然，你的朋友可能會少一點。但這種朋友少一點又何妨？當然，有人會罵你，但是你如果爲了怕他罵而就去違法遷就他，有一天，你坐監牢了，他決幫不上你的忙，他最多說幾句同情的話了不起。

至於就政府對人民的關係而言，唯有公務員都守法辦事，才能貫徹政府維持社會正義的目的，使人民覺得政府公正公平。

再就對國家而言，韓非子說：「國無恒強與恒弱，守法者強則強，守法者弱則弱。」如果為民服務的公務員都不守法，更如何能期望一般人民守法？如果大家都不守法，這個國家強得起來嗎？

4.窮理深思以養識：這裡說的識，指見識，不是知識。見識是要在閱歷中去求得，不是光在書本上可求得的。所謂閱歷，也就是親自目睹耳聞和經歷的事情，包括自己的遭遇和所見所聞他人的遭遇。所以閱歷和僅限於本身的經驗稍有不同。不過，重要的是，光是親自經歷和耳聞目睹還是不夠，一定要對之加以深思和窮根究底，才能獲得見識。否則，也就變成視而不見，聽而不聞了。我們中國人說：「萬物靜觀皆自得。」這句話十分美妙。你做一個公務員，隨時隨地可以靜觀。例如你的長官遭遇一個難題，你如果幫不上忙，就不妨注意看他如何處理解決。你看見一次會議有許多紛紜的意見，你不妨注意主席如何作結論，並且進一步研究他何以如此做結論。你收到一件公文，你不妨研究這公文何以這樣敘述，何以作此主張，甚至何以要這樣用字用句。世界上任何事情，在其表面現象的後面，一定有其內在的原因或道理。你如果能事事窮理深思，就必定能找出那個內在原因和道理來。你也就能知人所不知。這樣累積多了，就成為十分有價值有用的閱歷。所以，構成閱歷的過程，是體驗或觀察、分析、歸納。

我有一位朋友某甲，任職某一機關六、七年，由於他是個書呆子，對機關業務既不負責，又不勤勞，常常寫文章、出去教書、演講、參加座談會。結果，離職以後，對他做過的那份工作，幾近於一無所知。後來某乙去接替他的職位，不到一年，和我談起他的業務來頭頭是道，熟悉深入，而且有許多新見解。我問他何以能如此。他說，我全力以赴，事事窮理深思。兩人差別之大，使得某甲的七年都比不上某乙一年的閱歷。

做公務員在處理問題的時候，閱歷和見識很重要。必須要慢慢去體會。

5.服從協調以養望：養望是培養聲望，有了聲望也就增加了希望。有希望才能發展。要如何養望呢？除了前面說過的博學審問、勤勞負責、和廉潔守法以外，最重要的是對上服從，對左右要協調，對下屬要諒解和愛護。

做公務員，服從是一種義務。青年守則說：「服從爲負責之本。」因爲你無論如何負責盡職，但所做所爲卻違背上級的目標和意思，那你的負責盡職不僅對你本人是枉費心機，而且對機關並無好處。如果你認爲照你的方法去做才對國家對機關有利，你就應該先用書面或口頭報告請示長官批准同意。如果長官不同意，你已盡了建議之責，仍然只有服從。

爲什麼要服從呢？第一、基本上，行政機關組織是一個指揮命令系統，必須服從以統一步調，齊赴事功。第二、有許多複雜的因素必須一併考慮。這些因素，上級知道，你卻未必知道。

第三、機關工作成敗得失，由上級負責，不由你負責，你決不可以自以爲是的違背上級指示去做，而卻要上級爲你負責。

一個不服從的公務員，絕對處處碰壁而不受歡迎。我們中華民國行政界的領導哲學，有些時候，表面上常有寬厚意味。縱然長官暫時容忍你的不服從，但你的工作卻不會得到什麼報償的。

至於談到協調，主要是指與沒有隸屬關係的人之間的關係。作爲一個公務員，無論職位高低，無不有其大小不同的一定職責。既有職責，同時當然相應地也有配合其職責的職權。例如小而至於一名公共汽車的駕駛員，爲了維持車輛與車上乘客的安全與秩序，以盡他的職責；於是，他也就因而有權斟酌車上已有乘客多少和是否尚有空間，而決定過站的時候要不要停車讓新的乘客上車，這就是他的職權。當著車上無人要下車，車上乘客又不擁擠超額的時候，到站時，按理他就應該停車讓新乘客上車。如果他不停車，那是他濫用職權，而與人不協調。如果車行中途，車上乘客忽有急病倒下，必須下車送醫急救，他卻認爲沒有到站決不能停車靠邊，這也是不協調。所以，所謂協調，是公務員基於本身職權，在合法合理範圍內，被動地接納他人意見，或主動地考慮到他人的利益，不固執己見，而予人便利的意思。

有些公務員，守法、勤勞、負責、正直，但卻非常固執，對他人合法合理的要求，絲毫不肯讓步。對於同樣可以合法達成任務的另一種做法，堅決拒絕。這種固執，雖然不能稱爲錯誤或罪惡，但卻也決不是可以稱之爲擇善固執的美德。他必定也會得到別人與他不合作的報復，而很容易失敗，他精神也必陷於不快樂。

不過，協調仍然有其一定限度，凡是超越法規，損害國家利益，牴觸政府政策，不符長官規定，違反公務道德，影響本職效能的事情，一律不可以做。協調不是和稀泥，不是要你做鄉愿。更不是要你犧牲原則而去博取他人好感。這點務必要辨別清楚。

6. 謙虛助人以養身：謙虛助人何以能夠養身呢？可能有人會疑惑。我們古人說：「仁者必壽。」因爲對他人仁愛，就不會有人來禍害你或懷恨你，你就不會有這方面的憂愁，必定會減少自己做人做事的障礙，沒有重大的煩惱，廣結善緣，得到精神愉快，身體自然健康長壽，所以仁者必壽。依據現代醫學研究所知，精神健康影響生理健康非常大。我們如果稍加注意，必定可以發現，那些長壽的老人，心地大多仁慈敦厚。這就是謙虛助人可以養身的道理。

我們常常看見機關裡有些人能力並非很強，但卻不做壞事，負責守分，爲人謙虛和善，樂予幫助別人。久而久之，因爲人人不討厭他，也不妒嫉他，甚至人人喜歡他，結果，他卻能慢慢地步步高陞，身心健康愉快。這種情形，不依功績，而偏重在善於做人以獲陞遷，當然是不太合理，但卻足以證明謙虛助人的功效。

不過，謙虛不是虛僞；助人不是幫助別人做壞事。謙虛助人仍然要維持應有的原則，不是要做濫好人。

7. 奮鬥機動以進業：以上六項，在表面上看來，似乎都偏重在採取守勢的修養，但如果往深處看，修養自己正就是在充實自己。充實自己以後，自然就會有發展。這就好像一個人鍛鍊身體是爲了免除生病，看起來是消極性的；但不生病自然就會長壽，結果卻是積極性的發展。所以，以上六項，實在是把修養和自我發展合併在一起來講。

現在，我們最後一項要談的奮鬥機動，卻是直接從事積極發展性的作爲。我們談奮鬥機動，並不是要天天到處去打聽和活動陞官的機會，而是要奮鬥機動去努力從事公務，不可以被動守成。如果奮鬥機動把公務做好了，開創好了，革新好了，有進步了；個人當然也會在適當時機有所發展。

無論做什麼事情，必須要經常保持活潑的機動力，也就是主動力，構想新目標，開闢新途徑，想出新方法。如此才能運用自如，處處逢源，生生不息，事業蓬蓬勃勃。不過，光是有機動力還是不夠，因爲天下很少有一帆風順的事情，而常常會遭遇到阻礙和困難。這時候，就必須要憑毅力、決心、智慧，去突破困難，掃除障礙，事情才能成功。這就是奮鬥的意思。

我幾十年來向來就有一種想法：我們應該肯定，人人都可以成功。不過，在成功的道路上，中途障礙重重。如果你在障礙前止步，那你就永遠停留在原地不能前進。如果你能每遇障礙，就集中全力去克服而度過，你就向成功又接近了一步。如果你能把所有障礙都一一打倒而越過，你就會到達成功的最後目標。所以，你每於遭遇困難的時候，千萬不可以憂愁，反而應該高興。你要對自己說：「進步發展的機會又來了！只要我這次又能克服困難，我又可以向成功走近一段路了。」王雲五先生常常說：「我認爲，解決困難就是我最大的樂趣與報償。」這句話，值得我們細細玩味體會。

（五）結　語

以上所述，有幾個要點，現在可以綜合說明如次：

第一、我們是完全以深入淺出的方法來討論這個問題，只有在必要時，才少量引用一點聖賢之言和格言。應該容易被瞭解。

第二、我們決不談那些空洞的大道理，使人感覺不過是一篇教訓人的皇皇大文。我們敘述的都是平實可行的道理。

第三、我們沒有唱高調，要你犧牲自己去奉公服務。而只是把你個人的利益和個人的前途置於優先，但卻與國家的利益和國家的前途結合在一起來討論。

第四、就修養和發展的原則方面來說，「中庸之道」、「堅忍不拔」，以及「堅持原則，適應環境」三項最爲重要。

第五、就公務員修養這一部分來說，廉潔、負責、守法、服從，這四項最爲基本。就公務員自我發展來說，博愛、奮鬥、機動這三項最爲重要。

第六、個人熱忱希望每一位公務員都能在工作崗位上和公務員生涯中，腳踏實地，善自修養，以求發展。隨時隨地，都在日常平凡生涯中去實踐修養。

讀者應可看得出來，我寫這篇文章，是充滿了熱忱的。

附錄壹　考銓人物誌

一、博士之父王雲五

(一)首倡我國自授博士學位

先師王雲五先生，思想新穎，多創見，富開拓精神，民族自尊心尤強。在其任職考試院副院長期間，深感我國自清末設洋學堂，採行西式學校教育制度以來，爲時業近百年，而仍無博士學位設置，以致學術始終不能獨立。因此，於四十四年間，乃向時任教育部部長張曉峰先生力言，我國既已在國立政治大學設立研究所，但僅有碩士班，應趁此機會，再進一步，並設博士班，以建立我國國家博士制度。爲此，雲五先生且寫一長文。題曰：「博士考」以鼓吹之。文內旁徵博引，歷述我國自古以來，即有博士之設置，且先於西方國家也。嗣復寫「我國博士學位授予之研討」，刊於新生報四十四年十月十二及十三日。教育部欣然接受其建議，於是乃著手規劃進行設置。

民國四十五學年，我國在國立政治大學政治研究所初設政治學博士班，並於該年即行招收學生一名。是爲我中華民國國家博士制度之創始。

旋即續在國立臺灣師範大學設中國文學博士班。以後逐漸推廣，漸至於其他學科亦有博士班。且其他國家學生陸續來我國留學修碩士、博士者頗多。

民國五十六年七月八日即夏曆六月初一，爲雲五先生八十大慶之日。各界及其門生弟子等爲其慶祝，在臺北市之中山同鄉會舉行慶祝酒會，由考試院院長孫哲生先生主持，賀客三千。壽堂展出各界壽禮，項目繁多，有總統蔣公所贈「弘文益壽」巨大壽額。而曉峰先生之賀禮爲用玻璃裝框親筆手書四字：「博士之父」。

(二) 國民參政會中之「二無黨」人

抗戰既起，政府爲團結全國力量共赴國難，乃成立國民參政會，廣邀各黨各派及無黨無派人士參加。會中之黨派，有國民黨、共產黨、青年黨、民社黨、民主同盟，以及社會賢達。社會賢達一詞，係當時用語，指無黨無派而卓著聲譽之社會領袖。若以現今語言解釋，即無任何黨籍之社會精英分子與意見領袖。

此種社會賢達，並非一個意見一致之團體，其內部各人之間，自有歧異。有若干頗爲客觀中立，在若干議題上常能發表中肯公允之意見，亦常能協調國共之差異；另有部分投機政客，則趁此機會向共黨頻送秋波，及至三十八年大陸淪共，此輩遂成爲共黨搖旗吶喊之走卒，有若干且遭共黨清算整肅。

社會賢達中，最爲正直愛國而又廣獲各方尊敬者，爲王雲五先生與胡適之先生等。王、胡二人原爲師生關係，故常交換意見。因二人皆爲「無」黨「無」派，故每自稱爲「二無黨」以爲樂。雲五先生常能在爭執萬難中提出仲裁性主張，而獲先總統蔣公改變初衷予以接納。另一方面，共產黨若干主張，常在民主同盟支持下堅持不肯讓步。但經雲五先生客觀衡酌提出公允意見後，共黨亦常能接受。此皆由於其真正能持平中立，確無偏見私見，僅有國家利益立場有以致之。

適之先生少年時曾就讀中國公學（曾任考試院院長之楊亮功先生、抗戰前名人楊杏佛先生等，皆中國公學學生）。雲五先生時頗年少，但已任教該校，爲適之先生英文老師。適之先生爲赴美留學參加庚款考試，雲五先生特爲其個別補習英文、數學等多種課程。胡先生學成返國後，任教北京大學，名滿天下。時商務印書館主持諸公深具遠見卓識，其老闆團有一共識，即不能因現狀之成功而自滿，而必須進一步開拓，在以國學書籍爲主要出版路線之外，應致力於西學介紹。館中首席老闆兼出版大計之主持人張菊生先生，爲一翰林，因亦主張變法圖強，同情康梁。戊戌政變後，離開朝廷，南下參加商務印書館，雖精研漢學，亦涉獵西學，但自認有所不足，故亟需物色精通西學人士參加工作，共同努力。此一老闆團眼界甚高，設法洽請胡適之先生爲總編輯。適之先生允於暑假期間到館「試工」。經試工三個月後，適之先生表示，此一工作於己性情不合，請免予繼續。館方欣然守約，毫不勉強，但仍請適之先生推薦一人。適之先生於是推薦其師雲五先生。其時，雲五先生正在上海一小巷中自營一名爲「公民書局」之小型書店，初不允就。經商務印書館據理遊說，並接受雲五先生所提條件後，始就。此時之雲五先生乃一小學猶未畢業，沒沒無名之青年。僅由於適之先生推薦，商務印書館即推誠相見，委以大任而不稍疑。此實雲五先生一生事業之起點。

民國四十六年，政府指派出席是年聯合國大會代表團代表，雲五先生及胡適之先生皆爲代表。名單發表後，適之先生列名第一，而雲五先生列名第二。胡先生立即自動向政府反映，請求改以雲五先生爲首席。理由爲：雲五先生乃其師。蔣公獲悉後嘉納之，即如所請予以更改。

此二無黨人師生之情，終生未改，令人敬佩。

(三) 主持行政改革

民國四十六年九月，雲五先生奉派爲我國出席聯合國第十二屆大會代表團代表。行前總統面示：於參加代表團工作之外，應對美國胡佛委員會之研究報告及其建議案執行情形，加以研究。乃以在美四個月中之公餘時間，盡力蒐集、閱覽與訪問，所獲資料甚豐。返國後，撰成八萬字之摘要報告，送呈總統察閱。四十七年二月十日，奉命於總統府月會上向全國各機關首長提出口頭報告。總統即席指示：爲加強我國行政改革工作起見，應即在總統府內成立一機構，進行研議，限期提出改革方案，以供政府採擇。其研討範圍，包括中央及地方，中央兼及行政、司法、考試三院。

三月六日，奉總統令，聘雲五先生爲「總統府臨時行政改革委員會」主任委員，及次列八人爲委員：謝冠生（司法院長）、黃季陸（前行政院所屬機關組織權責研討委員會主任委員）、嚴家淦（行政院政務委員）、周至柔（臺灣省主席）、雷法章（銓敘部部長）、馬紀壯（國防部副部長）、周宏濤（國民黨中央委員會副秘書長）、阮毅成（農工企業公司董事長）。該會旋於三月十日成立，並由主任委員聘定顧問如次：浦薛鳳、祝紹周、關吉玉、李壽雍、楊亮功、張峻、楊繼曾、董文琦、黃正銘、徐道鄰、翁之鏞、尹仲容、凌鴻勛、龐松舟、張茲闓、唐君鉑、王撫洲、湯元吉、劉真、俞國華、施奎齡、金世鼎、劉愷鐘、蘇在山、張宗良、黃雪村、江杓、鄧文儀、馬潤庠、李景潞、管歐、高崑峰、羅萬類、劉季洪。以上共三十四人。其中曾任大法官、部、次長者十六人，省主席者一人、大學校長者一人，省府廳長以上職位者六人，教授者十人。至今四十年後回首，以上連同委員八人在內之四十二人中，其後曾任總統者一人、五院院長者四人，部長或同等級官員者十四人。足證雲五先生之能識人。以上各顧問，係該會研提改革建議案之主體人員，並非如同其他機關顧問之爲掛名人員。

該會自定工作期限六個月，至同年九月十日，該會如期完成任務而告結束，製成改革建議案八十八案，報呈總統。經總統逐案詳閱，逐案批示，並於四十七年十二月十日以代電致行政院陳副總統兼院長辭修先生：「八十八案中，除三案已先發交行政院研辦，一案緩議，兩案已交考試院外；其餘八十二案中之三十二案，應予優先籌劃實施，已逐案批示如附表：次要者五十案統交行政院分案酌核辦理。交院採行之案，應對每案採行之日期實施方法，分別研究決定，並定限期呈報。次要各案中，有純屬省政府辦理者，應由院轉飭臺灣省政府切實研究，分別擬具實施日期，或如何分期實施之辦法。」

八十八案之內容，牽涉廣泛，兼及三院及臺灣省。按性質類別而言，計包括下列各方面：各級政府權責關係、行政院及所屬機關、地方民意機關、行政效率、事務管理、國防、財政、金融、經濟、預算、文化教育、司法、考銓、其他。但中央民意機關之國民大會、立法、監察兩院以及黨部、救國團，均不在該會改革建議範圍之內。爲期確保已奉批行之各案能順利實施起見，並於該委員會結束後，總統立即任命雲五先生爲行政院副院長，以便監督實施。

五年後，行政院爲檢討各案施行情形起見，於五十一年十一月設立「行政改革建議案檢討小組委員會」，由副院長雲五先生召集，以余井塘、蔡培火、陳雪屏、黃季陸、梁序昭、嚴家淦、陳慶瑜、周至柔、徐柏園、阮毅成等十人爲委員。小組於六個月後之月底結束。經將檢討結果，印成一本數十萬字十分詳明之報告書，將八十八案交辦研簽協調等等全部經過及公文往返等等有關文件逐案整理說明，至為切實。

在八十八案之中，甚多案均影響深遠。個人淺見以為，至少下列各案甚為重要：

1.憲法第一〇八條研究報告案。

2.實施行政機關分層負責案。

3.改進事務管理案。

4.改革租稅案。

5.改進公營事業管理案。

6.改進國營事業決算盈餘案。

7.建立集中支付制度案。

8.調整司法監督案。（主張審檢分立）

9.建立高於高等考試之考試制度案。（即甲等考試制度案）

10.調整軍公教人員待遇案。

目前施行已久且卓著績效之甚多制度，均出自當年該會此八十八案之建議。由於該會工作當時對外不宣傳，故事過境遷，至今漸為人所遺忘。但公文案卷具在，尚可覆按，筆者此處僅作極扼要之概述。

(四)公務人員甲等考試制度始末

公務人員甲等考試制度，係王雲五先生所創議。王雲五先生所主持研提之改革建議案八十八案中，第七十九案即爲「建立高於高等考試之考試制度案」。此處所稱之高於高等考試之考試，係當年考試法之法定用語，亦即後來之公務人員甲等考試。

筆者時任職該會，自三月十日前該會籌備工作之一段時間起，以至九月十日後爲期兩個月之結束工作時止，全程均參與。就實際接觸所知，該案爲雲五先生本人立意、構思、並執筆所提出之議案。依據當時雲五先生親自在會議上所作口頭說明以及資料所記載，其提案動機有四如下：

1.雲五先生當時已高瞻遠矚，看出我國社會發展趨勢，高級人才逐漸累積增加，應早爲之謀，設法爲此種人才預籌出路，使國家能有法定公開途徑吸收社會菁英，以維社會安定。

2.有鑒於美國胡佛委員會所提「建立高級公務人員制度案」之背景及所持理由，與我國當時情況相同。胡佛委員會認爲，在全國數量鉅大之公務員中，與吏治關係最爲重大密切者，莫如高級公務人員，而應從早在中級公務人員中選拔，予以歷練；以免其循資遞陞，過於遲緩，屆時垂垂已老，貢獻於國家之時日有限，浪費可惜。

3.當時我國有大批留學生於學業完成後回國，因未參加國家考試而無任用資格；復有滯外積資已深，遷延不歸之人才，均未能蔚爲國用，至爲可惜。於是，政府乃積極進行制訂「國外留學生返國服務考銓條例」（該條例後未能完成立法程序，政府乃改行訂定輔導留學生回國之行政規章以替代）。但該條例限於國外留學生適用，而當時國內亦已有大量具有碩士學位人才，且在繼續增加中；此外國內亦將源源不斷產生具有博士學位之高級人才，故應一併予以顧及。

4.在我國教育界與企業界中，資深而經驗豐富之高級人才不少。行政機關如欲借重，卻因其未經國家考試而無任用資格，致無可奈何。應併謀解決。

早年之「考試法」，原即有「高於高等考試之考試另以法律定之」之規定；因此，乃擬對此種考試，定名爲高於高等考試之考試。雲五先生建議案中所列辦法要點如下：

1.應試資格：⑴已任薦任最高級且成績優良者，或⑵已任公立學校副教授以上教職三年者，或⑶已任公營事業副首長或副總技師以上職務三年者，或⑷具有博士學位者，或⑸具有碩士學位且任專攻學科工作五年以上者。上述五種資格中，其係⑴、⑵、⑶三種資格者，應由其機關首長負責特保應試。

2.考試方式：以檢覈行之。具體方式爲審查證件、審查服務成績或著作、口試及筆試。

3.考試定期：考試不定期，就特保及聲請應試之人數考慮後，於需要時即機動舉行之。

4.典試組織：典試委員長，就下列⑴、⑵兩款中抽籤決定一人；其典試委員，由考試院院會就下列⑶、⑷兩款中各選定三人，共計六人；以上合計七人共同組成典試委員會：

(1)考試院院長、副院長。

(2)中央研究院院長。

(3)考試院全體考試委員。

(4)中央研究院全體院士。

5.專家典試委員或襄試委員：必要時，得經典試委員會決議，增聘專家爲典試委員或襄試委員。

6.及格人員資格：及格人員取得簡任任用資格，並呈請總統提前予以任用；其以前曾任相當簡任工作之年資，准予採計提敘。

該案隨即奉總統批示：「交考試院辦理。」考試院遂遵照修正「考試法」第二條，將公務人員特種考試定爲甲、乙、丙、丁四等。其中甲等即爲原案之高於高等考試之考試。該修正條文，於五十一年八月二十九日奉總統令公布施行。

首居甲等考試，仍係經雲五先生兩度出面向考試院親行催促，始得遲至五十七年五月二十日舉行。距雲五先生提出建議案及總統批交辦理，爲時恰已十年。修正公布「考試法」條文所定應試資格及依「典試法」所爲之典試組織，與原案均有不同。所定應試資格有四：1.獲有博士學位任專攻學科工作二年以上者，或2.獲有碩士學位任專攻學科工作四年以上者，或3.任教授或任副教授二年以上者，或4.高考及格任該及格類科工作六年以上者。以上有關服務年資，均需成績優良有證者。至於典試組織，則採與高、普、特考之典試委員會相同方式，由考試院院會決定典試委員名單，亦即由考試委員及各校教授任典試委員或口試委員；至於典試委員長一職，「典試法」在未特別明文規定，但由於此一考試等級甚高，故自第一屆開始，每居均由考試院院長任之，均一併報請總統任命。考試方式，則兼採審查證件、審查著作或發明、以及口試三種並行，而無原定之筆試。且考試不定期，數年一次，以眾多類科合併舉辦，與原擬之有一需要，即隨時舉辦一次之機動觀念稍有小別。

第一居甲等考試辦理甚爲成功。典試委員長由孫院長哲生先生任之。計報考及到考人數，均恰爲一百名。及格人數三十九名。及格率爲百分之三十九。取錄人員中，有現已榮任行政院副院長之徐立德、現任外交部部長之錢復等人。他如名學人胡佛、王洪鈞等，均爲該居及格人。筆者僥倖，賤名亦忝附該居驥尾。

以後每隔若干年，即不定期舉辦一次。迄至民國七十七年止，先後於五十七、六十、六十二、六十五、六十七、六十八、七十、七十五、七十七等年次內各舉行一次，共經舉行九次。合計報名人數一、九四六人，及格人數爲五〇三人（內有女性十七人），及格率百分之二五點八五。上述及格人之應試資格，其以教授、副教授及碩士、博士資格報考者，居百分之九七點二。自七十八年起，以迄本文執筆時之八十四年止七年間，未再舉辦。

在上述及格之五〇三人中，至今業已成名者，不在少數。而下列諸位，更成爲公共人物：錢復、陳堯、陳水逢、陸潤康、徐立德、胡佛、王洪鈞、葉天行、李模、呂學儀、黃守高、高銘輝、張植珊、李雲漢、蔡憲六、曾濟羣、趙守博、耿雲卿、戴瑞明、戴立寧、林振國、張隆盛、劉萬航、胡爲真、宋楚瑜、章孝嚴、黃日秀、楊國賜、邱茂英、陳庚金、白秀雄、林山田、洪德旋、沈柏齡、黃昆輝、謝瑞智、姚高橋、蔡兆陽、陳癸淼、伍錦霖、廖正豪、陳孟鈴、賴英照、韋端、吳泰成、鄭心雄、曾廣田、黃鏡峰、黃大洲、馬英九、楊朝祥、黃光男、李慶中、伍澤元、朱武獻、廖正井、吳中立、張哲琛、黎昌意、王志剛、胡錦標等六十一人均屬之（依及格居次先後抄列）。其中爲部長或相當於部長或高於部長者二十三人，任次長或相當於次長者二十八人。此外，由於此爲公務人員考試，而非教授考試，所以任教授而享盛譽者，尚未抄列於此。就此事實觀之，無論如何，任何人均無資格無理由籠統一語予以抹煞，而謂甲等考試無價值也。

在前述五十七年至七十七年漫長之二十一年期間，社會各方對甲等考試頗多誤會，謂此種考試，純係特別爲欲取得任用資格之部分特殊人員舉辦云。此一說法，絕對不實。此一考試，在前五、六次均甚爲正常，至最後數次考試，執事當局始有若干技術性措施略欠考慮，確應加以檢討。依各方近年來檢討所述，在衆多包括似是而非之指責中，下列兩項，確有不妥，今後仍可供類似考試設計時之參考：

1.接受行政機關要求，設置名稱特殊而範圍狹窄之考試類科，以致能符合所規定之應試資格者，爲數寥寥，實際常僅有一、二人。而爲此一、二人所聘之典試委員、口試委員及閱卷委員等人，不僅事先即可預知此一、二應試人爲誰，且常爲師生關係或長官部屬關係。

2.於考試舉行後，尚未決定錄取前，接受行政機關要求，增加錄取名額，無形中等於預測可能錄取至某人止。而此某人即該行政機關內心所期望及格之人。

由於上述欠妥之措施，加上不滿者有心製造之謠言，遂使甲等考試之最初美意，幾全爲之掩蓋。於是，考試院乃修正該項考試規則，增列筆試；但似猶有不足，而更自七十八年起停止辦理該項考試。

社會各方，對此一問題之真相，亦非全無瞭解者。故見仁見智，各異其說。考試院院會，對此亦有兩種不同意見。反對此一考試者，認爲此一制度有欠公平，且及格人員分發至機關工作，即形成俗稱之所謂空降部隊，阻礙機關原有人員晉陞管道，影響士氣者至大，故應廢止此種考試。贊成者則認爲，此一考試不僅可爲國家掄拔人才，且具有豐富之政治價值；至於其執行時所發生之缺點，應可予以改進。經考試院院會詳加討論後，所作成之結論，但已喪失原甲等考試之價值，頗具折衷性：將高等考試改爲三級，其第一級之應試資格，基本上爲具有博士學位者，及格後取得薦任第九職等之任用資格。第二級之應試資格爲具有碩士以上學位者，及格後取得薦任第七職等任用資格。第三級之應考資格爲專科以上學校畢業者，及格後取得薦任第六職等任用資格。並廢去現行甲等考試。此一結論，經已納入「公務人員考試法修正草案」，送請立法院審議。但在考試院修正案送立法院之前，已有立法委員提案先廢去甲等考試，其案並經先行完成三讀，於八十四年元月奉總統令公布施行。至此，甲等考試乃告結束。至八十五年元月十七日，考試院函送之「公務人員考試法」亦經修正公布施行，亦已無甲等考試。

（五）研擬反攻大陸後勤供應之「經濟動員計畫」

八十四年八月下旬聯合報載述其記者訪問郝柏村時，郝言：政府於民國五十一年間，曾有反攻大陸之計畫；後因美人反對而作罷云。對此，筆者願在此敘述一往事，以證其實。

五十一年春，先總統蔣公指示在行政院設「行政院經濟動員計畫委員會」，並任命時為行政院副院長王雲五先生兼該會主任委員。其副主任委員一職為臺灣省主席，先為周至柔，後為黃杰。委員十餘人，則為行政院政務委員及各有關部長。王主任委員並任命前曾任行政院政務委員，時任行政院顧問，且向係追隨院長陳辭公之董潔忱（文琦）先生，為該會秘書長；並請兼任副主任委員之臺灣省政府主席就省府人員中推薦一可以適當代表主席之人員為副秘書長。經周兼副主任委員推薦宋承緒先生為之，後為朱致一先生。筆者時年事尚輕，原本即在王副院長辦公室任秘書工作，茲為聯繫便利起見，乃奉命兼任該會秘書主任。

該會設有物資、人力、交通、財政等業務組。該會任務為全力研訂反攻大陸之經濟動員方案。所稱經濟動員，大致包括反攻戰事發動前及發動後，軍費之籌措、物資之生產、調節、儲備、管制、運輸，以及不足物資之取得與補充等各方面。爲一整套軍、民互相關聯之全國性經濟計畫，廣泛涉及生產、分配、消費、供需、運輸等各方面。當時工作甚爲緊張，各組所擬方案，源源而出。委員會集會頻繁。所有文件，均係高度機密。外界除略知有此一機關外，對其工作內容，則完全不知也；而該會對外亦不發布新聞。

該會成立數月後，奉層峰指示，國防部所設戰地政務機關，將開始以所擬全套戰地政務方案數十種，逐一送請該會審議，該會應接受予以審議。又該戰地政務機關爲培養及儲備反攻時所需戰地政務人才起見，乃規劃辦理戰地政務人才訓練班。初擬每班若干人，每期時間三個月。有關方面當時對此事之態度，在基本原則上略有不同意見。經雲老從中斡旋，力勸該戰地政務機關收斂。雲老並提出一項在當時幾近於奇想之概念，即將每班時間縮短爲一星期，實際爲五天半。該機關當時十分不願接受，因政府自來臺後所辦之任何訓練，均爲至少一個月，多則半年或一年，罕有短至數日者。後因受雲老熱忱之感動，該機關始行接受。遂請由袁守謙先生所主持之戰地政務委員會，在其下設置戰地政務訓練班開訓。筆者本人亦奉調參加該項訓練。

舉述以上數事，證明當時確有反攻大陸之規劃。

二、張其昀與政治大學復校

張其昀先生曾任考試院行憲後第一屆考試委員，是爲其從政之開始。

(一) 政大復校經過

民國三十八年，中央政府遷臺之初，臺灣以光復未久，大戰之後，百事落伍，生產凋零，稅收低微，強敵中共虎視眈眈於對岸，全臺充滿一種壯烈氣氛。故充實武備，鞏固防衛，確爲求生存之第一要務。在軍事優先原則之下，當時有一種說法：爲免影響兵源起見，不宜多設大專院校云。及至先後有金門大捷、登步島大捷、韓戰曝發、第七艦隊巡行臺灣海峽、簽定中美協防條約等事實發生後，臺灣局面始告安定。臺海乃開始稍有餘力以注意軍事以外之建設。

在教育方面，各方開始考慮日治時代所留下原有高等教育設施之不足；因而，大陸上原有各大學在臺校友，遂紛紛要求其母校在臺復校。但數年以還，無一獲准。四十三年冬，國立政治大學（簡稱政大）竟得首先復校，其中關鍵，實乃時任教育部長張其昀先生所促成。至今回顧，忽忽四十一年矣。指南山下，政大校舍，漫漫一片，氣勢恢宏，不知已爲國家造就多少人才。至於其他各校之復校，均遠在政大之後多年。

某年，張其昀先生八十大慶。我政大復校之初所設教育、政治、外交、新聞四研究所第一屆畢業生在臺者三十餘人，集議爲先生壽。並商得海外同居畢業生二十餘人一致響應，乃集資購一大型玻璃屏風，與其昀先生在華岡文化大學之秘書人員約定時間，共乘一大巴士往賀。其昀先生特選一小型會議室接見，甚爲親切。其昀先生自創辦文化大學後，其全部精力時間，幾均投入，而對其他事務，本已不甚有暇注意及之。但是日見我數十同學聚集一堂，似有感觸，以敘家常氣氛坐談良久。

筆者記憶最深者，爲所談當年政大復校決定之經過情形。其昀先生言，規劃既久，最後乃決計往請示先總統　蔣公。措辭爲：今政府遷徙來臺，百廢待舉，均用以充實反攻復國之基礎。現武職之黃埔軍校，業已在臺復校；而文職之黃埔（即政大），是否亦有考慮規劃予以恢復之必要，用以配合光復大陸時，繼武力挺進後對光復地區建設工作之需要。　蔣公聞後遂詢問：問題是在應以何人辦理其事爲宜？其昀先生遂提出浙江海鹽陳百年（大齊）先生以應。　蔣公立即欣然表示同意。此一研究醞釀數年之事，遂告定案。前後數分鐘而已。

此事如此順利，自有其背景：第一、臺海整個局面已趨穩定。第二、儲訓人才，以配合反攻大陸之需，自屬必要。當年蔣總司令中正先生北伐，固賴黃埔學生在前浴血克敵，亦幸有政治大學前身之黨務學校畢業生，隨軍隊之後，從事光復地區之治理建設工作。此一經驗，即其昀先生所稱之武職黃埔與文職黃埔也。第三、陳百年先生爲浙中耆宿，夙以精研孔孟之學與理則學著名。早年曾任北大代理校長及考選部前身考選委員會第一任委員長，乃一恂恂然儒者，蔣總統固夙已知之。既得人矣，復校事自成。

(二) 復校初期之慘淡經營

政治大學於民國四十三年復校，其時國家財政困難，百事維艱，復校一事，至爲不易。初期之慘淡經營情形，至堪一述。茲僅就個人當時所知，以及現今記憶所及，略予簡述，以稍留紀錄。

首先爲校址與校舍問題，在百般困難之下，經教育部部長張其昀先生指示，由教育部決定，將該部所有在木柵指南山下，備供戰爭爆發時作爲疏散辦公使用之房舍，以部分無條件借予學校使用。該批疏散房屋中，有部分已作檔案儲存室之用，教育部全部檔案均存置該處；另有部分房屋則暫空置。經教育部自動以其中一座四合院式之空心磚牆瓦頂平房一棟借予政大。該屋有房六間，經以兩間改充教室，分別可容納約七十人及約三十人；另以一間約十餘坪大者作爲圖書室；二間各約七、八坪面積者均作爲職員辦公室；最小之一間約莫僅四、五蓆大小，則爲校長辦公室。另在離此四合院約四、五百米之處，有木造魚鱗板壁上蓋油毛氈屋頂平房兩棟，據說本係揚子公司所有。其內部原已間隔成三十餘小間，中間貫以甬道。就其形式觀之，似乎原即爲單身職員宿舍。不知係由教育部經過何種手續取得，以之供作我等學生宿舍之用。此宿舍內原即附有廚房與可容六、七十人使用之膳廳各一間。

復校籌備工作似稍匆促。所幸在張部長其昀先生主持之下，教育部對諸事均熱心勇爲，自發自動代勞，學校乃得在民國四十三年內開學。開學之日，假教育部舉行典禮。張部長致詞，詞意熱忱感人，並以美國普林斯敦大學高級研究所設置於一稻田內爲例，所內設備簡單，但卻係偉大學人諸如愛因斯坦等冥思、閱讀、與研究之最佳場所，成就輝煌云云。並復引用詩句「振衣千仞岡，濯足萬古流。」以勉勵學生。後諸生於十月入校。赴校之日下午，由教育部備供上有油布遮篷之運貨大巴士二輛，自中山南路教育部部址（在今臺灣大學醫學院內）出發，免費運送全體學生五十六人，前往木柵學校。是日天氣微寒，風雨交加。學生中約有半數以上係於三十八年間自大陸隻身流亡來臺者，均自願辭去職業投考而經錄取，此時又投身於此一段新人生里程，前途如何，無從預知。但斯時之情形則爲，獨身攜帶行李，前往一陌生地方，且將在其地居留學習至少二年（碩士研究生修業期限至少二年）。此時車外豪雨傾盆，筆者不禁百感交集，愁緒滿懷；身如浮萍飄流之感，油然而生。

抵達學校宿舍，雨勢稍緩，車停溪邊，學生一一下車，自行揹負行李，拾級步下溪岸，跳躍越過亂石作橋之溪流，始到達稻田圍繞之學生宿舍，業已下午五時許。各人進入房間，兩人一間，自動組合。是日廚房內據稱有鍋但無鍋蓋，亦無廚師，故尚未開伙，不能供應晚餐。而屋外對岸山路上，泥濘沒膝，淒風苦雨，難以外出。縱欲外出，亦須步行約二十分鐘之田路，始能到達斯時之木柵街道有店家之處，故大家只好留在宿舍內。同學彼此初次見面，相互多不熟悉，於是各自在舖有榻榻米之床上，空腹枯坐。及夜之來臨，由於電線尚未接好，亦無電燈。各人只好與同室另一同學，在黑暗中談天。此爲復校後抵校第一天情形之大概。

復校之第一學年，尚無大學部，僅有研究部，設公民教育、行政管理、外交及新聞等四個研究所。至第二學年，公民教育所與行政管理所分別改名爲教育所與政治所。第一學年報到入學之學生，計五十六人，平均每所十四人，清一色爲男士。

由於四研究所有一半課程爲共同科目，五十六人常在同一教室上課；且同住於兩棟密鄰宿舍之中，每日三餐又在同一小膳廳中用膳，確爲生活與學習相結合，故爲時不久後，彼此均甚熟悉。且至今數十年來，相互情誼至篤。

不分晴雨，同學均步行前往數百米外之教室上課。課後中間休息時，遇逢天氣晴朗，同學則在四合院之中庭站立吸煙談天。遇有任何大小問題，部分年少學生不懂事，動輒立即往校長室逕行面報在同一四合院內一小室中辦公之校長，或逕找有關職員。有時同學進入校長室面見校長，其他同學則在走廊上低矮之窗邊觀看校長與學生談話情形，一一耳聞，全無遮攔。全校師生職員之間，確如家人朋友，絕無隔膜，至爲愉快。

復校第一年之學校組織，亦甚簡單。校長陳百年先生之下，有秘書長一人，下設教務、訓導、總務三組。第一任秘書長爲賀翊新先生。公民教育研究所所長爲陳雪屏先生，行政管理研究所所長爲邱昌渭先生，外交研究所所長爲崔書琴先生，新聞研究所所長爲曾虛白先生。各所教授均一時之選，但大多數爲兼任，僅少數專任。

首期同學年齡相差頗大，筆者當時三十歲，而最長之學生齊覺生較筆者長約逾十歲；最年輕之李厚白、陳偉益、呂寶水等，比筆者又約少十歲。故有相差二十歲之情形。最年輕者多係當年剛從大學畢業，歲數較長者則多早已畢業，且已在社會工作若干年，其中頗多係當年大陸來臺之流亡學生，飽經世故風霜，頗有歷練。同學間雖有如此懸殊之年齡差距，但相互仍甚愉快，從無隔膜。甚至有俏皮之年輕同學，常主動支配領導年長之同學，年長者亦從不以爲忤。

同學中百分之九十爲單身未婚，且多屬身無長物之窮漢。斯時教育部給予每一研究生每月公費新臺幣三百元。其中需付伙食費一百五十元，所餘一百五十元供筆墨紙張零用之資，境況至爲困窘。因此輩研究生多曾任職社會，不無友朋，仍常有婚喪喜慶通知寄來。每接獲一紅白請柬或通知，至少即需致送一百元聊表關切；如一月之內接獲通知二張以上，即須舉債以應，故內心常爲之恐慌不已。在無可如何之時，他人如何應付，非我所知；但筆者入學一年後，戔戔積蓄已山窮水盡。遇此情形，其辦法是橫下心腸，復函托詞不去，此亦不得已也，真所謂「窮則變，變則通」。身爲學生，既無任何慾求，又無虞於饑餓，在校兩年期間，心靜如水，得以專心讀書，自有寧靜之樂。時光匆匆，至今忽忽四十餘年，每一思及，一切如昨，內心時懷感念。

猶憶當時有一小故事，似堪在此一述。同學荊溪人兄，於午餐桌上談：有人告以，爾等往讀政治大學此種學校，設備簡單，究竟可望有何收穫？實無意義云云。按諸當時情形，學校確爲設備簡單。但荊溪人兄答以：我原有多少智識，應仍爲我繼續所有，決不致因讀政治大學而減少或喪失；但我既在此學校上課聽講，且老師均爲名教授，無論我多愚笨，智識上多少總應有所增益。則讀此學校，於我又何傷焉。既無傷焉，反之即有收穫，於我畢竟有益云。同桌同學聞後鼓掌稱快，深佩其說理正確得當。

事實上，辦理文法性質學校之第一要義，要有好教授。第二要義，要有好學生。所謂好學生，乃指天資好，肯努力，專心向學無旁騖者而言，第三要義，要有圖書供應。政大之研究所初期人少設備較簡，但卻兼備此三條件。此外，更有研究所教育應具備之下列幾種特性，必須貫徹。即研究所所能給予學生者，優良教師所授之智識固屬重要，但教授所能給予學生之智識，無論如何，畢竟有限；最重要者，在研究所之施教模式下，下列三點特性，用以訓練學生今後自行有效增加知識，其有助於學生者尤多：1.培養學生之治學興趣。2.使學生學得治學之正確方法。3.有助於學生立定終身治學之決心。此三點特性，政大研究所亦均已達成，有成果爲證。

筆者係讀政治所，第一屆研究生畢業前，所長浦薛鳳先生曾邀集一茶會，請有校長、本所全體教授、以及全體畢業生，共同參加。師長講話畢，命學生各述其志。猶憶馬起華兄起立慷慨致詞謂：「從今以後，有生之年，便是我治學之日。」筆者聞後為之欣賞不已，亦欽佩其慨乎言之；實則已道出我輩共同心聲。馬起華至今不負當日所言，已早為名學人矣。

試觀當年入學政大研究所已畢業之同學，今日在社會上多有成就。或為某方面之專家，或為名教授，或著作等身，或在事功上有所表現，但均仍不忘治學。此種事實，足以證明筆者所言不虛，政大研究所之教育成功也。

（三）東方文藝復興與金馬獎

國產電影片金馬獎自民國五十年代前後開始辦理以來，為時業已三十年左右。對鼓勵國產影片製作，與促成影片素質之提高，均卓著功效。

對於國產電影片金馬獎之開辦，始於行政院新聞局。但倡議設置我國自辦自主之電影獎金，定名為「金馬獎」，以及其辦法之主要構想，則最早均始於教育部，張部長曉峰先生兼任主任委員之該部電影事業輔導委員會，且係出自筆者區區個人之創意。

民國四十年代初，張曉峰先生任教育部部長。當時我中央政府自大陸撤退來臺未久，全國上下，痛定思痛。政府人員，自先總統　蔣公以次，內心無不充滿待罪之心，進而激生奮發惕勵之情操。蔣公尤其經常檢討，認爲我政府在大陸之所以失敗，終至整個大陸淪陷，其根本原因，在於教育之失敗。此種觀念，至爲強烈。在中央政府遷臺最初之六、七年間，蔣公時時公開作此指示。故政府當時對教育督促特嚴，期許亦最爲殷切。在此種背景之下，乃將原爲執政黨中央黨部秘書長之張其昀先生，任命爲教育部長，實寄厚望。

張氏奉任後，確不負期許，自訂施政計畫，計畫項目之一爲發動東方文藝復興運動，其內容著重在社會教育之推廣與發揮功能，諸如設置國立藝術館、國立科學館、國立資料館、國立博物館，加強出版工作，成立中華話劇團，設置中華藝術團，規劃辦理空中教學，出版叢書，並在部內設置電影事業輔導委員會，以及其他種種新政。展佈多方，氣象煥然。

其時筆者方自政大研究所畢業。不悉係何因緣，曉峰先生閱及筆者所著已印行且曾獲文學獎金之話劇劇作數種。遂於某次會議時，在會議中面告政大校長陳百年先生謂：教部恰好新設一名爲「電影事業輔導委員會」之新機構，正在物色曉悉電影、戲劇之人才，請百年先生轉囑筆者前往教育部該委員會任職云。筆者時正爲學位論文所苦已久，論文口試通過後不及一週，方始喘氣，尚未及尋覓工作。聞此飛來好事，至爲欣然。遂往謁曉峰先生，並遵命即日到職爲該會薦任專員。頂頭上司爲該會第一組組長，由部內秘書室專門委員陳如一先生兼任。另有第二組，組長由中央黨部第六組負責港澳影劇界聯絡之黃總幹事紹祖先生兼任；再上級則爲本委員會之執行秘書，由臺灣省新聞處處長吳錫澤先生兼任（當時臺灣省政府尚在臺北辦公）。本委員會之主任委員由曉峰先生自兼，委員十餘人均由各業務有關機關首長或高級人員兼任。此外，會內尚有一助理員職務。以上即爲該會當時全部工作同仁。其中每日實際到會簽到辦公者，僅有皆爲專任之筆者與該一助理人員兩人。

委員會每月必定開會一次，均由曉峰先生主持。議案大多由筆者依據到會有關案件編擬。僅有極少部分議案，係筆者考慮所及而主動擬製列入。議程依行政程序送請陳如一先生及吳錫澤先生先後核閱後，再送部長兼主任委員核定。在此過程中，甚少更改。

筆者任職數月後，立即發現，世界各主要國家幾乎均有定期之電影展覽（即習稱之影展）與獎金之設置。舉凡邀請我國參展函件，斯時均係送教育部該會辦理，其時有一事給予筆者刺激甚深，我國爲發起國之一之亞洲影展，在日人某種程度之運作控制下，在該一期間我國竟不免有所受制。另外，西方國家所辦之各個影展，評獎時，純係採取西方文化觀點與標準，與我國文化之價值觀念，常有距離，影響我國電影製片內容者至鉅，間接更有所影響我國文化今後之取向。有此二種近程與遠程之影響，筆者仍興起與其求人何如自助之念，認爲亟應設置國人自辦之電影獎金，以維持文化自立。

其時之筆者，僅曾有學校教育工作經驗。至教育部工作，則係首次從事行政機關工作，故不知此種創議性事項，且涉及需要其他機關配合至多者，在公務中屬重要事項，應先行與長官逐一口頭說明請示，而後再行簽報部長。筆者當時竟獨自構思，獨自定名，未與任何人請教商量，逕行起草「國產電影片金馬獎設置辦法草案」，予以列入某次會議議程。所幸在議程呈核過程之中，一一得承寬諒，並未遭遇刪除或改變，亦未遭遇詢問，而得提出會議討論。僅在會議前，第二組黃兼組長曾輕描淡寫對筆者說：「你寫了一個金馬獎的辦法啊？」筆者未予特別注意，僅答以「是」即罷。當時該案經會議討論後，決議似爲「應作進一步之規劃。」由於此事牽涉至多，故筆者於會後秉承會議決議進行推動，及作進一步之規劃。但不數月，筆者即轉往執政黨中央黨部任職，此事遂擱置。料想教育部應尚有卷可稽也。此事實爲響應曉峰先生東方文藝復興具體行動之一。數年後，見新聞局能有國產影片金馬獎之設置，內心欣喜，非言可喻。

三、發動兩制合一之石覺部長

(一)任期最長的部長

前銓敘部部長石覺先生，為中華民國開國以來任期最長之部長。自民國五十二年七月十日到部，以至自行辭卸於六十四年十一月一日離部，任期十二年三個月又二十一天。

陸軍上將石覺先生，字為開，廣西桂林人，一代名將。數十年來，攻堅克銳，戰無不勝，功績彪炳，聲譽卓著，有常勝將軍之稱。自黃埔軍校三期畢業後，以績優留校任教官。後以教導第二師營長，參加北伐。自茲舉凡統一、剿共、抗日、戡亂、以至防衛臺灣，無役不與。四十餘年來，馳騁南北，大小百餘戰，足跡遍及珠江、長江、黃河、東北等二十二行省，赫赫戰功，累遷至十三軍軍長，兵團司令，京滬防衛司令，一路主官，從未副貳。民國三十八年，以舟山羣島防衛司令官兼浙江省主席及綏靖總司令。來臺後，先後任臺灣防衛副總司令、副參謀總長兼作戰次長、聯勤總司令等要職。

民國五十年代初，總統　蔣公規劃建立後備軍人轉任文官制度，交辦後久未實現，遂命石上將爲銓敘部部長，負責完成之。

爲公長銓敘部政績豐隆，諸如建立後備軍人轉任文職制度、實施職位分類制度、改進公保制度、開辦眷保及在全省東、南、西、北、中等地遍設門診中心等均是。其中轉任文職制度，使解甲軍人之年富力強者，得以繼續報效國家。其本人固獲安定，社會對之亦有所安置，俾免散落各方，自有其政治意義。至於實施職位分類，則係在中央督促下而爲，原意無非欲謀人事革新，促進國家進步。其時之行政院人事行政局執行甚力。

（二）發動公務人事制度革新

我國之實施職位分類制度，爲政府來臺後施政上大事之一，在此應一敘其始末。民國元年，政府新創公務人員簡薦委制度，行之數十年尚安。來臺後，因有意於人事制度現代化，遂於五十八年移植美國發明之職位分類制度。施行方始，各方立即議論紛紛，無論行政機關、公務人員、報章雜誌、民意代表、學者專家，對此一外來之制度，幾乎無不公開反對，咸認爲對公務之運行，徒增窒礙；批評責備，連篇累牘，浪濤洶湧，其言聞之令人生畏。甚至謂力行此制之某機關某官員係一匪諜云云。被稱匪諜，當時爲一十分嚴重之事，無異欲取其人性命。對此一制度懷恨入骨情形，可以概見。究其原因，不僅制度結構僵化難行，尤其重大削減機關首長任使人員之實權，復使人員陞調困難，堵塞其發展，影響其前途。以致長官與屬員兩皆不利不歡。弊病百端，確非一適合我國社會之制度。竟至執政黨十全大會所通過之「政治革新要項」之第十九項言：「切實檢討職位分類及簡薦委制之利弊，根據事實需要，妥定制度，迅付實施，全面推進人事革新。」

雖然如此，但各方仍僅有意見表達，卻無人有何有效行動。此時當仁不讓，不避責難，不計個人可能後果，毅然挺身而出，明白主張廢除職位分類，而提出官職併立之新人事制度者，石部長爲開先生是也。此實爲爲公在銓敘部任內第一等重要貢獻。

筆者時任職動員戡亂時期國家安全會議，公餘之暇，常應商務印書館囑，爲其所出版之「東方雜誌」撰文。內容多係討論行政措施，常有涉及職位分類制度。六十一年八、九月，考試院第四、五屆考試委員任期交替，波及銓敘部人事更動。有長者先知其事，秘密推薦有守前往接替次長。至成熟階段始告知有守。事成，遂於九月一日欣然赴銓敘部接事。有守與爲公向無淵源，竟多承歡迎與厚待。是日，爲公召集部內全體簡任官以上人員，親自主持佈達儀式，發布爲常務次長，並即席致詞介紹勉勵。

越二日，爲公召赴辦公室長談。時值我退出聯合國未久，國人正熱心討論自強之道。普遍主張之一爲厲行人事革新，而革新之首要，則在打破考試用人。言論界流行用語有二：即「突破」

與「超越」，矛頭則指向銓敘部。爲公談此狀況時曾慨歎說：「現在真是萬方有罪，罪在人事。我們應有所爲！」室內僅我等二人，談話得無所顧慮。此次爲公共言七事，其中最重要之一事，即囑令研擬改進人事制度之有關方案，二人討論頗詳。爲公並告，有守所寫有關職位分類及人事行政論文，幾已盡讀，並出示輯印成書之諸此拙著。對拙著中有關改進職位分類制度主張，因與其基本原則一致，故深表贊成。並謂，人事革新，確應從制度根本改革上做起，要有系統做。希即照此方向進行具體規劃，研提具體可行之改革方案。

爲公所言之基本原則，亦即將原有之簡薦委制度與職位分類制度合而爲一也。是即今日稱爲官職併立之兩制合一新人事制度之基本構想。

得此政策方向指示，有守有所遵循，至爲欣然。於是立即開始作業，將早經籌之已熟新人事制度構想寫出。在爲時約半年中，先後擬稿四次，每次均經爲公親予詳閱，細加批示改正發還。有守逐頁檢視，每佩爲公之細密。當時環境頗爲複雜，爲公因此事且開罪有權有影響力之某人士，有守亦遭不諒，其間不無肆應維艱之處。惟自忖一切均係爲國家除弊興利，爲期事成，唯有忍耐。

（三）實事求是不畏艱困

當第三次稿呈閱時，有一事予我印象至深。我所擬之方案，原擬標題爲「職位分類制度改進方案」。爲公將案攜回。二日後，攜來部與我討論，謂此案內容已表現出我人改革構想，甚好，並已酌有損益。但所規劃之新制內容，既已非職位分類制度，若仍稱爲「職位分類制度改進方案」，似有名實不符之憾云。我當時說，誠然。但目前現實環境如此惡劣，改革障礙重重，前途多艱。如此名之，或可減免不少無謂阻力。且不變更我人實際主張，姑且一試如何？爲公躊躇良久後，遂掬誠坦率見示謂：我們是政府，我們是國家人事工作主管部，說話與做事應該一致，而且要堂堂正正。這是一件名正言順之事，既係應所當爲，應即勇爲之，似不必爲環境複雜而做掛羊頭賣狗肉之事。如有困難，唯有挺身無畏面對之，無需過慮，如何？有守聞後爲之肅然，深佩果不愧爲素以攻堅克銳聞名之大將，而非一政客也。於是，文件標題乃定爲：「我國人事制度改進方案」，而於民國六十二年春由部向考試院正式提出。是即爲我國採取行動廢除職位分類制度之始。

此事此後迭經波折。石爲公於六十四年冬辭卸離部後，考試院兩易院長，銓敘部三易部長，方案經數度易稿重行提出，再四牽延，直至民國七十六年始獲施行。前後爲時十二、三年。以此爲例，證明改革之不易。研究公共政策制定過程者，似可以此案爲標準案例之一，以證明決策過程之複雜。

（四）登步島一戰定江山

有守在與爲公共事期間，公務商談之餘，偶亦閒談。便中曾詢及爲公當年奉命主持之舟山大撤退事。民國三十八年大陸淪陷之際，兵敗如山倒。爲公率領精兵十餘萬駐守大陸邊沿之舟山羣島，以威脅共軍，並遙遙屏障臺灣。因離後方基地既遠，補給困難，責任至爲艱鉅，非懷孤臣孽子之忱者，不能任之。三十八年十一月，共軍挾其席捲大陸之餘威，攻打舟山羣島。人心惶惶，舉世震驚。但在爲公誓死衛守與精心指揮之下，竟一舉而將來攻之共軍第二十一軍一個加強師悉數殲滅，是即聞名中外之登步島大捷，全國爲之狂歡。我部隊作戰信心，自此恢復；共軍膽寒之餘，驕燄亦滅。此一戰役，實奠定約半個世紀來臺灣生存發展之初基。

嗣後政府接受美國基於戰略觀點秘密提出之建議，將舟山羣島放棄。三十九年五月某日，經國先生啣命持總統　蔣公親筆密函乘機至舟山，令爲公於三日內率舟山地區全軍撤退。爲公奉命後，深知此種在敵前撤退大軍之舉，乃一至爲危險之行動，於是不動聲色，親自周密佈置，事先僅極少數高級將領知其真相。行動之日，眾皆以爲係秘密反攻大陸。及至船團啟動，行至適當時間地點，爲公始忽然下令轉向臺灣方向航行。至此，眾人始恍然此爲一大撤退。全部人馬計有五個軍、三個獨立師、官兵十二萬五千人，戰車二百八十輛，當地政府文職行政工作人員及居民五千人，以及其他武器、裝備、糧秣等，自舟山出發時起，均於四十八小時內安全抵臺，無任何傷亡損失。其行動之機密敏捷，國際友人莫不歎爲奇蹟，足堪媲美二次大戰期間盟軍之敦克爾克大撤退而有過之焉。共軍於我軍離島後數小時始忽然發現真相，急至島上，已空無一兵一卒、一槍一彈，亦無一人一物、寸布斗糧。此一行動，爲國家保持元氣與戰力，立不世之大功。臺灣得此十五萬能戰之精良部隊，防衛力大爲增強，社會益爲之安定。

（五）半日之間廢除表報七十種

某次談到工作簡化，爲公舉一往事見示。當其任副參謀總長時，發現每月所閱報表多至一百餘種，絕大多數係自連部逐級上行至爲公手。其對部隊所造成之作業困擾，無待多言，於是下令簡化，但時久並無實效。詢之幕僚，幕僚雖一再簡報，爲公亦一再指示，仍無濟於事。爲公於是下令，在一大會議廳中，將各種報表分開排列在馬蹄形會議桌上，爲公親自沿桌取閱，每取一種，先命左右幕僚說明用途，再加詳閱，隨閱隨決，對決定予以廢除者，則用紅色鉛筆在其面頁畫上一大×符號。如此巡行一週，前後不過半天，竟將一百多種中之七十餘種廢去。牽延半年不能解決之問題，竟得一旦解決。但左右大不以爲然，有人隨即提出抗議說，今後我們將無事可做了。爲公安然不爲所動說，就是要你們沒有事情做才好，這樣才能讓部隊裡的人真正有時間做點其他更有實效的事情，而不必爲了造這些不必要的報表給你們去看，每個月都忙到不得安寧。事實上你們可以做的事情很多，今後也可以多做點其他更有意義的事了。

（六）好學能文，組太極拳協會

爲公具有軍人應有之各種武德，諸如勇敢、果斷、明朗、準確、剛毅、沈著、堅定、忍耐、紀律等，均有之。但經與共事後，即必發現其處事更有遠多於常人之縝密、周備、誠懇與篤實。每爲一事，必先深思熟慮。一經決定，即勇往直前，全力以赴，絕不動搖。不禁令人想到成語「精誠所至，金石爲開」此八個字之中，最後三字恰爲爲公之大名。爲公性直而似稍急，於會議中從事辯論時，因情急而偶不能委婉暢述，只好直言。尤遇享有決議權力人士強詞奪理甚或曲詞奪理時，更非爲公所能習慣。某次在考試院院會上，爲公慨乎言之：「以前說是秀才遇到兵，有理說不清，那是因爲兵手上有武力；現在卻是兵遇到秀才，有理說不清，那是因爲秀才手上有權力。」會場爲之莞爾。

爲公爲人正直而心地寬厚，但此點常爲其軍人氣質所掩而不易爲人察覺。爲公曾以其所做一對聯見示：「責備人處少說幾句；橫逆來時大笑三聲。」確有大將軍氣慨，且亦與我平日所見其對待部屬情形，完全相同。部屬偶有過錯，爲公甚少責備；不得已時，僅輕微說半句使對方知之已足。故部內同仁頗爲安寧，各自努力工作，風氣甚好。偶遇有人意欲他就，如新職確優於現職，爲公絕無所言；否則，必不核准。

爲公好研究，且能文。當年任臺灣南部防衛司令時，曾自行前往臺灣大學旁聽政治學等課程。任軍職時期，雖戎馬倥傯，仍不忘博覽中外軍事名著與戰史典籍。所著軍事論著甚豐。其中「革命復國之戰爭作爲：反攻戰略思想與行動」及「革命復國之戰爭組織：戰爭面之建立與運用」二書，先總統　蔣公閱後，下令印發三軍閱讀，並列爲軍事學校教材。爲公數十年來打太極拳不綴，且遍訪名家，廣研流派，切磋溶合，至晚年寫成「太極拳竅要」、「太極拳圖解」及「太極拳拳譜」等書，有守親見其字斟句酌，遣詞極其精當。教育部因其義務推廣體育，有益於國民健康者至多，特爲致贈體育獎章。退休後，復組織「中華民國太極拳協會」，會務發展甚速，分會、支會遍及海內外，每年或隔年並在臺北舉行世界性之表演大會，各地前來參加人數，每達數千，堪稱盛會。凡此種切，均證明事無鉅細，爲公無不全力以赴，故能文韜武略，事無不成。是真所謂：「精誠所至，金石爲開。」

四、爲考試院寫編年錄之陳伯稼

早年任職考試院者，無不知伯老。伯老姓陳，名天錫，字伯稼，閩侯人，爲考試院耆宿，恂恂然一儒者。畢生溫良恭儉讓，辛勤任事，孜孜終日而不倦。不爲己謀，不與人爭，不求聞達。文理細密，慮事周詳。民國初年識戴季陶先生，相互契合，旋於民國四年追隨戴先生任職於廣州大元帥府。自玆以後，數十年來從未分離，以迄於戴先生於大陸淪陷前謝世。

考試院於民國十九年元月六日正式建立，伯老則於籌備期間即參與規劃。院建立後，任首席參事，以迄民國四十三年退休。在院二十五載，深受戴院長倚重，尤爲同仁所崇敬。任事既繁，貢獻亦多。戴院長曾兩度請其爲院秘書長，竟兩度婉拒不受。凡此種種，無不足爲公務人員典範。

但伯老決非鄉愿，凡事所涉，經認爲義之所在，必堅持貫徹其主張，決不少屈，姑舉二事以明之。一爲戴院長以親筆手諭，任命某君。院內眾人有不同意見，但戴先生不知，伯老查明後，知某君確不正，乃對此手諭拒不奉命。戴先生竟終改初衷，而收回成命。以二位如此水乳相融關係，伯老爲維護戴先生，竟能無懼於觸怒戴先生，堅持不改；而戴先生亦能從善如流，終於收回手條，自行焚燬，均至所難能，而非常人所能及。二爲某考試委員在院會作無理之措詞，伯老起而與之辯論，決不少讓，而終使該委員自知理屈。視之當今，世風日下，鑽營奔走，囂張諂媚，種種醜態，不一而足之情形，更倍增對伯老欽仰之心。

筆者任職臺灣商務印書館發行人兼總編輯兼總經理期間，於五十五年某日，在董事長王雲五先生寓所研商業務，伯老時年七十有七，忽策杖而至。雲五先生爲之介紹，自此識荊。續因閱讀伯老所輯編「戴季陶先生文存」等書，進一步得以瞭解伯老與戴先生淵源深厚，遂請爲我主持之「出版月刊」寫戴季陶先生傳記文章，每月一篇，每篇敘戴先生事功之一方面。如此連續一年有餘，累積約二十餘萬言，並輯之成書，名「戴季陶先生的生平」，由商務印書館出版。在此撰稿期間，伯老每月一次，必策杖持文稿親自來館面交，並坐談良久始去。後我因業務繁重，勞累過甚，爲病所苦，於五十六年秋辭職離館。在臥床養病數月期間，以及病癒後再任公務員，在國家安全會議公職五年期間，伯老與我之間，大致每月均必見面一次，或承伯老蒞臨舍下，或由有守趨伯老龍江街寓所。當伯老之光臨，輒坐談移時，並必先偏呼三名小兒至其前，一一細詢讀書情形或與言兒童趣事以爲樂。偶逢彼此均有事羈身，不得相晤，伯老則必有信函或明信片來。後於六十一年有守任職銓敘部之初，伯老忽於某日翩然蒞止。

有守每至伯老寓所，輒見其伏案閱讀或寫作。白日亦必開檯燈，持一放大鏡，逐字細究，用毛筆逐筆寫文，從容不迫，從不見有焦急態。內心因而常有所感，以如此緩慢動作，而竟仍能源源不斷，寫出甚至數百萬言之著作，其毅力實足驚人。而所寫所輯，竟無一非有關戴先生者，尤足感人。諸書如「戴季陶先生編年錄」、「戴季陶先生文存」，以及文存續編、再續編等書，均經中央文物供應社等處所印行。

民國六十幾年間某日，至伯老寓所，見其竟未伏案，而孑然獨坐於客廳沙發上流淚。筆者驚詢何事，初僅告以兩眼紅腫發炎爲苦云。嗣經細詢，始謂數日前輾轉獲大陸寄來家書，言母墳竟遭盜掘，暴露於外，自覺不孝，傷痛悲憤之餘，連日哭泣，不能自已，以致夜不能眠，已有數夕云。我當即婉言勸慰，但不僅無效，且徒增伯老悲。我當時暗自思量，此時伯老已年近九十，若不止悲，繼續數日，必將嚴重影響健康。我靜默片刻，略加思量後，認爲若不下以猛藥，必難奏效。遂下定決心，甘冒不韙，願唐突一試。乃以緩和口吻說：「伯老年高九十，德高望重，似應節哀。『孝經』有云：『身體髮膚，受之父母，不敢毀傷，孝之始也。』今令堂墓地，橫遭喪盡天良歹徒盜掘，自至爲不幸，有守亦同表哀悼。但在此國土淪亡，政局大變，我倘處海隅之時，報載縱貴爲國家元首者，其母墳猶遭挖掘，則身爲平民之我輩，更何能維護遠在彼岸之祖宗先人塋墓？伯老悲傷誠難以自抑，但如因此而損傷身體，恐亦決非孝順之道。伯老其速止悲以保重貴體如何？」

伯老與我間之交往，承伯老厚待，書面稱我爲有守先生，口頭則避免稱呼。我則口頭稱伯老，書面稱伯老前輩，自署爲晚。彼此相敬。雖然如此，實際伯老年高已近九十，斯時我僅四十有餘，相互雖至爲契合，但畢竟長少懸殊，以一晚輩而在長者前背誦「孝經」，自知過於荒唐，決非得宜，稍涉冒犯。但若不以此類似禪宗當頭棒喝猛烈手段，配以尊敬與誠意行之，恐決難阻止其哭泣。故仍冒險爲之。當伯老初聞我言，深感意外而表情愕然，繼似頓悟而忽然止淚，但表情稍露窘態，再三搖手，匆促阻我勿再言。稍停，遂更換話題，相談甚久，後伯老漸露愉快之色，終至歡愉一如往昔，我始安心告辭。此次晤談，前後約二小時。

我曾有機請教伯老，在其自述之作「遲莊回憶錄」（曾檢送中央圖書館典藏）中所述，先後兩度謝絕季陶先生邀任考試院秘書長之事，原因究竟爲何。伯老聞後，沈默良久，竟不作答。經再度置詞，始緩緩細聲說：「我自認才不足以當此重任也。」我笑而不表同意，繼續追詢，而伯老始終以此爲答。

伯老因追隨戴先生久，早已隨戴先生操川語。於前清時，曾任幕賓，即習稱之所謂紹興師爺。故於公文處理，受有嚴格訓練。才大心細，文理縝密，文筆精準嚴謹。季陶先生天縱斯文，常人所作，罕有能當其意者，而獨重伯老。故二人投契數十年從未分離。筆者遇伯老甚晚，但自識荊，彼此往返相就，契合無間者多年，在伯老所予筆者諸多深刻印象之中，其一爲每見伯老，所談必不離戴先生事。久而久之，與之相對，恍覺伯老頭上高處，似永有一戴先生生動之影像在焉。因此內心常深感歎，人生如戴先生，而能得一知音如伯老者，於謝世數十年後，猶仍念念不忘當年長官，且竟日竟月竟年，仍無不爲蒐求收集追尋戴先生生前所留於此茫茫人海之片紙隻字，以其老邁之步履，持杖而躑躅奔走四方。戴先生地下有知，應可告慰矣。

伯老對考試院貢獻甚大，考試院草創初期，舉凡各種制度法規，幾無一未經其斟酌潤色。伯老並自動於民國十七年八月中央五中全會決定實施五權制處之日起，自動以個人日記方式，親手記錄考試院每日施政，鉅細畢備，無一日間斷。如此前後數十年，默默爲之，從不告人。至民國三十二、三年間，始持以陳之於戴先生。戴先生初未計及此事，閱後大喜，囑予以彙整，編成「考試院施政編年錄」一種，自民國十七年起，每年一册，每册自二、三百頁以至四、五百頁不等。自茲以後，遂由伯老主持繼續纂編，以迄於四十四年退休止。後考試院復指定專人任此纂編之事，仍均循伯老原定體例爲之，至今未斷。五院中具有如此完整詳細之編年史者，似尚僅此。

伯老於六十四年春謝世。同年秋間，及六十六年秋間，有守曾兩度夢見伯老，均經告知內人。初頗不解何緣。後因事實證明，均係對有守個人有所啟示。人之相知，不因幽冥異途而有隔，一至於此，心常感念不已。

附錄貳

經建會及追蹤考核制度建置經過

我國行政院設置「經濟建設計畫委員會」以及「研究發展考核委員會」兩機關，至今業已多年，對國家貢獻甚多，有目共睹。但此二機構設置之來由，至今知之者似已不多，特在此一述其概略。

民國五十七年間，我政府朝野上下，齊心協力，積極發展經濟。當時政府有一部分人士主張，應在行政院設置一種有如軍中參謀本部之機關，以統籌經濟發展全盤事務。作此主張之人士，於引述或說明此種機關時，稱之爲「經濟參謀本部」，並引介大韓民國之經濟企劃院爲範例，以證明其價值。

值此時會，我駐韓大使唐縱自韓寄來一建議案，呈執政黨總裁蔣公，詳述韓國政府所施行之追蹤考核制度頗詳，並盛讚其績效卓著。蔣公閱後，旋即在國家安全會議某次會議中親加指示。時筆者任職該會簡一組長，亦列席會議。猶憶蔣公當時主持會議，坐主席位從容而談之神態。指示中有言：「我們看看人家韓國多麼厲害，做事情都比我們積極。人家不光是說做就做，而且還要一路追蹤考核到底。」筆者於乍聞蔣公此段指示時，內心第一反應爲：「蔣公何以對韓國此一小國，竟如此之讚美也。」但立即轉而悟解，顯係有意以此言詞刺激我政府人士惕勵奮發之心。

當時行政院嚴院長靜波先生起立發言，其中有語謂：「所謂追蹤考核制度，就是對計畫事項的執行，一路追隨下去考核，一波又一波的咬緊，盯住不放。用英文來講，就是 follow up 的意思。」眾人發言畢，即席決定將案交行政院規劃，先派團赴韓考察，再著手具體進行。

不數日，嚴院長靜波先生即在行政院院會會議室召集一次會議，邀請各有關機關共商。與會者除行政院各有關部會首長外，並邀有國家安全會議秘書長黃少谷先生。黃先生親自出席會議，並囑筆者隨往。會中決議，由行政院指派一個團前往大韓民國考察。團長為時任經濟合作委員會秘書長陶聲洋先生，副團長為總政治作戰部主任王昇將軍。團員有國家安全會議所屬建設計畫委員會周至柔主任委員麾下之主任秘書宋承緒先生，安全會議黃秘書長少谷先生則指派筆者參加，國防部所指派之人員則為掌理計畫考核業務之徐雄飛少將，連同國防部另二人，全團共七人。

訪問團主要目的有二：一為實地瞭解韓國經濟企劃院之體制與作業情形。二為瞭解韓國追蹤考核制度。除此之外，亦趁便對韓國一般政治經濟情形作一瞭解。筆者個人並另奉少谷先生命，就便瞭解韓國國家安全會議之體制與措施。

訪問團在韓兩週，遍訪韓國中央各有關機關，並赴釜山地區參觀其工業建設。茲就個人所得印象，且至今記憶猶新者，舉述數端於下：

(一)韓人民族性頗積極，甚能前衝，有部分略似日人，似為阿爾泰系血統之共同性格。不似我漢人之細緻與穩重，行事不似我漢人之充分考慮。

(二)韓人因積極任事，有時稍近勇猛，故不免有錯，但改變亦快。猶憶當時其內閣法制局徐局長對我訪問團言，內閣一經作成政策決定，法制局可在二日之內草就法律草案，趕呈內閣，於緊急召集之內閣會議中一次通過，而迅即送國會。在執政黨有效動員下，國會必能於三、數日內完成三讀，並趕送總統批准公布施行。故一個法案，自發動以至於公布施行，爲時常可不逾一星期；修正時亦同。同時，一種法律，一年修正三、五次，乃屬常事云。

㈢南韓之南北縱貫高速公路，係在極短時間內建築完成（當時我國尚未築高速公路）。此種高效率之施政，馳譽國際。

㈣我國人習言：「中韓民族，同文同種，唇齒相依。」韓人對此深爲不喜，認爲此係一種大漢文化侵略性措詞。韓人自朴正熙時代開始，即竭盡全力，企圖切斷與我國文化關係，故廢漢字而自行發明一種拼音符號以求取代。

㈤韓國國民所得，分配頗不平均，貧富相差懸殊。此無需引用統計數字，而以目睹之事實，即可輕易證明之。筆者等之訪問團，當時於自釜山返漢城時，特爲乘坐火車，乃得目睹沿途景色。鄉村房屋，百分之八、九十均十分破爛，較之其城市建設，有天淵之別；較之我臺灣農村情形，亦落後太多。

訪問團回國後，經提出詳細研究考察報告。嚴院長並特別爲此召集各有關部會，舉行會議，並仍邀黃少老與會，筆者爲訪問團團員之一，仍被邀參加。當經會議初步決定：在行政院設立「研究發展考核委員會」；並將原有之「經濟合作委員會」改制爲「經濟建設委員會」，使之成爲經濟發展參謀本部。後改成今名「經濟建設計畫委員會」。

訪問團回國後不久，團長陶聲洋迅即發表爲經濟部部長。就任之日，賀客如流，陶氏汗流浹背，一個上午，襯衣濕透而更換三次。詢以何故，答以深感惶恐云。因陶氏原任經合會秘書長之職，調陞時，依例應先經副主任委員（相當於次長）階段，而後始得爲主任委員（相當部長）。而陶氏之任部長，顯係越級拔擢，異數也。尤以當時政府重視發展經濟，陶氏懍於責任之重大，故有如履深淵薄冰之感。

考銓新論／徐有守著. -- 初版. --臺北市：
臺灣商務, 1996[民85]
面； 公分
ISBN 957-05-1307-1（平裝）

1. 人事制度 - 中國 2. 考試制度 - 中國
3. 銓敘 - 中國

573.4 85005723

考銓新論

定價新臺幣二八〇元

著作者 徐有守
責任編輯 雷成敏
校對者 陳寶鳳 鍾嘉惠
發行人 張連生
出版者
印刷所 臺灣商務印書館股份有限公司
臺北市重慶南路一段三十七號
電話：（〇二）三一一六一一八
傳真：（〇二）三七一〇二七四
郵政劃撥：〇〇〇〇一六五－一號
出版事業登記證：局版臺業字第〇八三六號

• 一九九六年八月初版第一次印刷

ISBN 957-05-1307-1（平裝） 48000090